세계에서 가장 잘 파는
아마존 베스트셀러의
마케팅 법칙

세계에서 가장 잘 파는

아마존
베스트셀러의
마케팅
법칙

BUY

두번째 월급, 보표, 정현군 지음

호우야

나는 아마존으로 마케팅을 배웠다

이 책을 선택한 독자라면 아마 글로벌 마케팅에 대해 고민하고 있거나 해외 진출에 관심 있는 사람일 가능성이 높다.

그렇다. 이 책은 '잘 파는 법'에 관한 책이다. 좀 더 정확하게는 '고객의 마음을 얻는 법'이다. 이 책을 쓴 우리는 각자 하는 일이 다르지만 아마존을 통해 미국에서 돈을 벌고, 사람들에게 그 노하우를 나눠왔다는 공통점을 가지고 있다. 사실 우리도 처음에는 아마존에서 돈을 버는 방법이 따로 있다고 생각했다. 그래서 그 노하우를 발견하는 게 무엇보다 중요하다고 여겼다. 하지만 수년간 치열하게 공부하며 돈을 벌어보니 아마존에서만 통하는 비책이나 치트키는 없었다. 우리 각자가 맨땅에 헤딩하며 고객들이 반응하는 마케팅을 찾은 결과, 그건 '아마존에서 돈 버는 방법'이 아니라 '미국 고객의 마음을 얻는 법'이었다. 그렇게 미국 고객에 대한 마케팅 방향이 잡힌 뒤에야 돈이 벌리기 시작했다. 물론 그 과정까지 오기가 쉽지는 않았다. 수많은 질문과 고민, 크고 작은 소중한 경험들이 있었기에 가능한 일이었다.

'아마존'은 그저 하나의 마켓일 뿐이다. 다만 세계에서 가장 큰 마켓이다. 가장 많은 제품이 있고 가장 많은 고객이 있는 만큼 가장 많은 마케팅 전략과 성공 사례가 나오는 곳이다. 아마존이 특별한 이유가 바로 여기에 있다. 세계 최고 수준의 경쟁을 이겨낸 마케팅이라면 다른 시장에서도 반드시 통한다.

전 세계 국경을 허물어버리는 메타버스 시대에 살고 있는 지금, 국내와 글로벌의 경계는 모호해졌다. 전 세계가 판매자이고 소비자이기 때문에 글로벌 마케팅에 관심을 가질 수밖에 없다. 그렇다면 글로벌 마케팅이란 무엇일까? 어디서부터 시작하고 어떻게 진행해야 할까? 성공적인 초기 글로벌 마케팅을 위해서는 무엇이 중요할까? 국내 마케팅도 어려운데 글로벌 마케팅이라니 더 막연하고 막막하게 느껴진다. 그러나 국내 마케팅과 글로벌 마케팅은 다르지 않다. 대상이 국내 소비자인지, 해외 소비자인지에 따라 약간의 차이가 있을 뿐이다.

그래서 초기엔 최대한 많은 레퍼런스를 보며 감을 잡아야 한다. 경쟁사만 레퍼런스로 삼아서는 안 된다. 마케팅하고 싶은 소구점을 다른 카테고리의 제품이 더 잘 표현해 냈다면 이것이 오히려 더 훌륭한 레퍼런스가 된다. 가령, 내가 판매하는 노트북 가방의 방수성을 강조하고 싶다면 '방수성'을 갖는 다른 카테고리의 제품을 둘러보는 것이다. 같은 가방 카테고리에 있는 등산 가방, 여행 가방뿐만 아니라 카테고리가 다른 스마트폰, 액션캠, 신발, 매트리스, 텐트 등의 제품을 찾아보는 것이다. 이 제품 중에는 촬영할 때 제품을 아예 물에 넣고 진행한 경우도 있고, 사진 편집으로 물이 튀는 효과를 낸 경우도 있다. 또는 눈에 띄는 색깔의 음료수를 흘려 방수력을 강조하는 경우도 있다. 영감을 끌어낼 만한 레퍼런스가 충분하다는 뜻이다.

세계 최대 온라인 쇼핑몰인 아마존에는 너무나 당연하게도 세계 최대 규모의 레퍼런스가 쌓여있다. 그리고 치열한 시장에서 기어코 살아남은 브랜드들의 '생존 방식', 큰 수익을 만든 베스트셀러들의 '성장 방식'에 대한 흔적이 가장 많이 남아있다.

이 책에는 아마존에서 대기업 브랜드보다 더 강한 존재감을 가진 작은 브랜드들이 등장한다. 아이디어 하나로 시작해 자신들만의 독특한 방법으로 판매 1위가 된 브랜드들이다. 이들의 생존 방식과 성장 방식을 마케팅적인 측면에서 소개한다. 우리나라 독자들에게는 생소한 브랜드도 있을 것이다. 다른 매체에서 많이 다룬 사례들은 일부러 제외했기 때문이다. 그동안 알려지지 않았던 브랜드 중에서 우리가 미국에서 판매를 시작하던 때로 돌아간다면 가장 따라 하고 싶은 사례들을 기준으로 선별했다. 뿐만 아니라 아마존에서 제공하는 판매 수치나 데이터로는 알 수 없는 다양한 마케팅 활동과 뒷얘기도 함께 담았다.

물론 이 책에서 소개하고 있는 브랜드들의 마케팅이 정답이라고 할 수는 없다. 하지만 아마존 베스트셀러로 성장하기까지 어떤 전략을 짜고 어떻게 소비자의 니즈를 정확히 파악했는지 살펴보는 것만으로도 분명 큰 도움이 될 것이다. 어떻게 물건을 팔 것인가, 어떻게 내 브랜드를 세상에 알릴 것인가 고민하고 있는 사람들에게 이 책이 반짝이는 아이디어가 샘솟는 자극제가 되길 진심으로 바란다. 이 책으로 자신이 꿈꾸는 목표에 한 발짝 더 다가갈 수 있다면, 조금이나마 영감을 얻을 수 있다면 우리는 더 바랄 게 없다.

두번째 월급, 보표, 정현군

Contents

2부
아마존 베스트셀러에게 배우는 마케팅 전략

1부

Best Amazon Sellers' Marketing

왜 아마존을 주목해야 할까?

1

아마존에서 잘 팔리는 것이
세계에서 가장 잘 팔리는 것이다

세계 최대 규모,
세계 최고 경쟁률

아마존은 세계에서 가장 큰 전자상거래 플랫폼이다. 2023년 아마존의 온라인 스토어 부문 매출은 약 321조 원으로 한국 전체 이커머스 규모인 227조 원보다도 훨씬 큰 규모다. 주 무대인 미국에서도 이커머스 시장 38%를 점유하고 있는 압도적인 1위 플레이어다. 심지어 2위인 월마트의 점유율이 6% 수준이고 아마존을 제외한 10위 안에 있는 모든 곳을 합쳐도 아마존의 규모에 미치지 못하는 것을 보면 얼마나 압도적인지 알 수 있다.

2023년 아마존 온라인 스토어 매출
약 321조 564억 원

2023년 한국 온라인 쇼핑 거래액
약 227조 3,470억 원

	아마존 온라인 스토어 매출	한국 온라인 쇼핑 거래액
2023년 거래액 합계	3,210,564	2,273,470

■ 2023년 아마존 온라인 스토어 부문 매출액과 한국 온라인 쇼핑 거래액 비교(출처: 아마존IR, 통계청)　　　(단위: 억 원)

한국에서는 유독 진출도 늦고 영향력이 낮아 아마존의 장악력과 규모를 체감하기 어렵다. 하지만 이미 아마존은 캐나다, 멕시코, 브라질, 유럽(영국, 아일랜드, 프랑스 등), 아시아(일본, 인도, 호주 등), 중동(UAE, 이집트, 쿠웨이트 등)에 있는 20여 개 국가에 진출해 27개 언어로 서비스를 제공하고 있다. 게다가 독일, 영국, 캐나다, 일본과 같은 주요 선진국에서도 이커머스 시장점유율 1위를 차지하고 있다. 최근 가장 공들이고 있는 시장은 인도인데 1위 자리를 놓고 플립카트 Flipkart와 각축을 벌이고 있다.

아마존의 영향력은 온라인에서만 그치지 않는다. 아마존은 미국 최대 유기농 마트인 홀푸드마켓을 인수하면서 단숨에 미국 식료품 시장 5위에 올라섰다. 이 외에도 무인 매장으로 유명한 아마존고 Amazon Go를 비롯해 아마존 프레시(신선식품), 아마존 북스(도서), 아마존 스타일(패션), 아마존 4스타(아마존 평점 4 이상 제품) 등 새로운 오프라인 유통망도 확장해 나가고 있다.

2억 명의
충성 고객이
몰리는 곳

Best
Amazon Sellers'
Marketing

소비자들이 아마존을 이용하는 이유는 간단하다. 아마존을 이용하는 것이 가장 '이득'이 되기 때문이다. 이는 고객 중심 사고를 고집하는 아마존의 경영 철학에서 비롯된 것이다. 아마존에는 14가지 리더십 원칙Amazon Leadership Principles이 있는데 그중 첫 번째가 바로 '고객 집착customer obsession'이다. 아마존은 고객에 대한 경험을 높여 고객을 먼저 확보하고 이후 이익을 추구하는 겟빅패스트Get big Fast 전략을 사용한다. 아마존에서는 최적화된 검색 기능을 통해 편리하게 쇼핑할 수 있고 물건을 최저가로 구매할 수 있다. 또한 식료품부터 생활용품, 의류, 가구, 전자제품까지 전 세계에서 유통되는 모든 카테고리의 제품을 다루고 있기 때문에 다른 온오프라인 상점을 동분서주할 필요 없이 아마존 한곳에서 원스톱으로 쇼핑이 가능하다.

아마존의 경영 철학이 통한 덕분인지 아마존을 이용하는 고객들의 충성도는 꽤 높은 편이다. 아마존 고객의 대부분은 아마존의 유료 멤버십 서비스인 아마존 프라임amazon prime에 가입한다. 아마존 프라임은 2일 무료 배송 및 무료 반품 혜택을 주축으로 음악, 비디오 등의 무료 콘텐츠를 제공하는데, 이를 통해 상당한 혜택을 누릴 수 있다. 그래서인지 2023년 기준 아마존 프라임의 가입자 수는 무려 2억 명이다. 미국만 따지면 1.47억 명으로 미국에 1.3억 가구가 있는 점을 고려하면 가구당 최소 한 계정 이상 아마존 프라임을 구독하고 있다는 뜻이다. 이들은 다양한 혜택으로 인해 아마존을 쉽게 떠나지 못하며 아마존에서 가장 많은 소비를 한다. 한 조사 결과에선 아마존을 이용한 소비자의 89%가 다른 쇼핑몰보다 아마존을 선호했다. 그리고 미국 이커머스 사용자의 23%는 특별히 구입해야 하는 물건이 없어도 아마존에 접속해 둘러보고, 약 9%는 아마존에서 일주일에 7회 이상 제품을 구입한다고 답했다.

이처럼 아마존은 많은 고객이 꾸준히 이용하는 대형 플랫폼이다. 즉 아마존 스타일이 글로벌 스탠더드가 되었다는 말이다. 전 세계 많은 온라인 쇼퍼들은 이미 아마존 스타일에 익숙해져 있고, 이를 잘 활용하면 해외 직구가 생활화된 현대 사회에서 글로벌 고객을 대상으로 온라인 판매를 할 때 아마존만큼 좋은 레퍼런스도 없다.

작은 브랜드도
세계 1등이
될 수 있다

아마존을 이용하는 고객이 많은 만큼 발생하는 거래량 또한 어마하다. 아마존에서 제품을 판매하는 사람만 190만 명이 넘고 판매되는 제품군만 어림잡아도 약 6만 6,000가지 정도다. 거대한 시장인 만큼 카테고리가 다양하게 세분화되어 있다. 각각의 큰 카테고리는 또 작은 카테고리로 세세하게 나뉘는데, 이때 작은 카테고리 하나를 노려 상위에 랭크되면 큰 카테고리 못지않게 큰 수익을 올릴 수 있다. "용의 꼬리보다 뱀의 머리가 낫다"는 말처럼 큰 시장에서 100등 하는 것보다 작은 시장에서 1등 하는 것을 노리는 것이다.

일례로 와인 액세서리 브랜드 빈토리오Vintorio는 와인을 빠르게 디캔딩해 주는 '와인 에어레이터' 제품으로 'wine pourers'란 작은 카테고리에서 1위를 차지했었다. 그 결과 빈토리오는 이 제품 하나로 아마존에서 매년 30억 원 이상의 매출을 올리고 있다.

아마존에서 베스트셀러로 분류되는 6%의 슈퍼판매자는 월 25만 달러(약 3.2억 원) 이상의 월 매출을 올리며, 연 매출은 약 300만 달러(약 39억 원)에 달하는 것으로 알려져 있다. 물론 월 매출이 500달러(약 65만 원) 미만인 판매자 또한 17%로 적지 않다.

최근 전 세계적으로 K-문화에 대한 관심이 높아지면서, 아마존에서도 K-브랜드가 하나의 경쟁력이 되고 있다. 2021년 BTS가 라이브 방송 중 콤부차를 소개했는데, 이 콤부차가 아마존에서 5분 만에 품절되는 사례가 있었다. 이뿐 아니라 뷰티, 식품, 전자제품 등 다양한 카테고리에서 히트하는 K-브랜드 제품이 연이어 나오고 있다. 해외에는 없지만 한국에서 잘 팔리는 제품이 있다면 그 틈을 놓치지 말고 기회를 노리는 것도 한 방법이다.

또 한 가지 팁. 만약 새로운 아이템으로 국내 사업을 구상 중이라면 아마존의 해당 제품 카테고리를 살펴보기를 권한다. 별별 물건을 판매하는 세계 최대 규모의 쇼핑몰인 만큼 높은 확률로 구상한 아이템을 판매할 가능성이 있고, 이를 참고하면 시행착오를 줄일 수 있다. 혹 없더라도 해당 카테고리의 유사 제품을 둘러보며 잠재 고객들이 무엇을 원하는지 파악하는 것만으로도 큰 도움이 된다.

2

좋은 마케팅은
좋은 레퍼런스에서 나온다

저급한 자는 베끼고
위대한 자는 훔친다

Best
Amazon Sellers'
Marketing

우리가 홍대에 음식점을 차린다고 가정해 보자. 가장 먼저 무엇을 해야 할까? 일단 정보를 수집해야 한다. 유동인구와 주요 연령층은 어떠한지, 요즘 홍대에 유명한 맛집은 어디인지 등 홍대시장을 완벽하게 파악하는 것이 시작이다. 그리고 그렇게 얻은 정보를 자신의 가게에 반영해야 한다. 우리는 이를 '벤치마킹한다'고 한다. 요식업계의 강자 백종원도 "창업 전 준비 단계에서 가장 중요한 것이 벤치마킹"이라고 말한다. 이처럼 성공적인 마케팅을 위해서 벤치마킹은 필수적이다. 잊지 말아야 할 점은 벤치마킹이 일회성 행위가 아니라는 것이다. 벤치마킹은 마케팅 과정에서 항상 해야 하는 학습에 가깝다. 보다 새롭고 나은 방식을 끊임없이 찾고 핵심 성공 요인을 능동적으로 파악하는 것이 올바른 벤치마킹이다.

마케팅에서 이를 잘 실천하는 회사 중 하나가 현대카드다. 현대카드는 카드회사라는 틀에서 벗어나 다른 카드회사들이 시도하지 않은 분야를 개척하기 위해 '인사이트 투어'를 시도했다. 같은 업종을 넘어 같은 고객군으로 시야를 확장한 것이다. 현대카드를 사용하는 고객들이 무엇을 누리고 경험하는지 살피기 위해 고객의 라이프 스타일에 따라 미술관이나 전시회, 의류 및 자동차 회사 등을 벤치마킹하며 이들의 혁신적인 기획력과 마케팅을 습득했다. 그 결과 현대카드만의 독특한 광고, 포인트 선 지급, 새로운 카드 디자인 도입, 대형 콘서트 기획 등 다른 카드회사들이 시도하지 않은 혁신적인 전략이 나올 수 있었다.

벤치마킹 과정에서 명심해야 할 것이 있다. 단순히 공통점을 찾는 것과 방향을 새롭게 정의하는 것은 엄연히 깊이가 다르다는 점

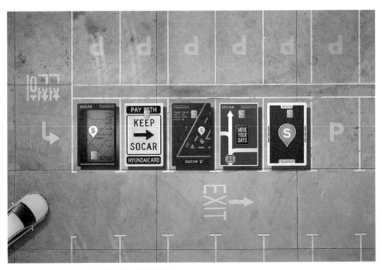

■ 국내 최초로 카드에 디자인을 입힌 현대카드

이다. 단순히 눈에 보이는 공통점은 누구나 찾을 수 있다. 그러나 끊임없는 벤치마킹을 통해 소비자가 추구하는 일관된 가치를 찾아내는 것은 훨씬 어렵다. 이것이 벤치마킹이 달성해야 할 궁극적인 목표다. "저급한 자는 베끼고 위대한 자는 훔친다"라는 말을 좋아한 피카소는, 실제로 일흔이 넘어서까지 다른 화가들의 작품을 모방한 그림을 그렸다. 하지만 우리는 모두 피카소만의 독창적인 화풍을 알고 있다. 피카소는 끊임없는 벤치마킹을 통해 이를 승화시켜 본인의 예술에 적용했다. 이처럼 지속적인 벤치마킹을 통해 새로운 의미를 발견할 수 있는 안목을 길러야 한다. 모방이 창조의 어머니가 되는 것은 결코 저절로 이루어지지 않는다.

데이터에 이미
답이 나와 있다

세상에서 가장 많은 판매자와 소비자가 모이는 아마존에는 당연하게도 판매 데이터가 세계 최대 규모로 쌓인다. 아마존에 모이는 데이터를 들여다보고 있으면 내 상품을 잘 판매하기 위한 힌트, 혹은 정답까지도 발견할 수 있다.

베스트셀러의 데이터 활용법

아마존은 판매 랭킹 순위를 숨기지 않고 모두 공개한다. 아무 상품이나 검색해서 클릭해 보면 그 상품이 해당 카테고리에서 몇 등인지 알 수 있다. 예를 들어 강아지 칫솔을 찾아보면 해당 제품이 강아지 칫솔들 중 몇 등짜리 제품인지, 더 큰 카테고리인 강아지 용품 카테고리에서는 몇 등인지를 알 수 있다. 아마존 덕분에 우리는 침대에 누워 지금 세계에서 가장 많이 팔리고 있는 강아지 칫솔이 무엇인지 확인할 수 있는 것이다. 꼭 개별 제품 하나하나 찾아보지 않아도 별도의 페이지가 따로 있어 특정 제품군이나 카테고리별로 1등부터 100등까지의 제품을 손쉽게 확인할 수 있다. 그렇기 때문에 랭킹이 높은 제품들을 위주로 살펴보면서 어떤 디자인, 구성, 가격대의 제품들이 잘 팔리고 있는지, 잘 팔리는 제품들의 메인 이미지와 판매페이지는 어떻게 만들었는지 등의 데이터를 아주 쉽게 모으고 비교해 볼 수 있다.

핵심만 남긴 제품 판매페이지

아마존의 판매페이지는 제약이 많다. 어떤 제품이건 '사진 6장, 영상 1개, 500자가 넘지 않는 설명'이라는 똑같은 제한 속에서 자신들의 강점을 어필해야 한다. 그렇기에 잘 팔리는 상품이 어떤 마케팅으로 소구했는지 더 명확하게 구분된다. 특히 아마존은 편법을 쓰거나 시장을 흐리는 판매자들을 꾸준히 정리해 왔고 소비자 구매에 혼란을 줄 상황을 최소화하기 위해 매우 엄격한 규칙들을 적용하고 있다.

예를 들면 검색 시 노출되는 메인 이미지의 경우 제품 누끼 사진 외엔 어떤 이미지나 텍스트도 넣을 수 없다. 배경색도 허용하지 않는다. 그렇기 때문에 아마존 판매자들은 제한된 조건 내에서 최대 효율로 제품을 소개하고 구매 욕구를 상승시키는 방법에 대해 많은 연구를 해왔다.

상위 판매자들의 제품 이미지를 분석해 보면 그들 나름의 전략을 알아챌 수 있다. 하나의 카테고리에서 판매 랭킹순으로 100개의 제품을 나열해 놓고 보면 매우 유사한 제품끼리 경쟁하는 경우를 흔하게 볼 수 있다. 이런 경우 각각의 판매자들이 사진과 설명을 어떤 식으로 표현했는지 비교해 보면서 왜 유독 하나의 상품이 더 많은 소비자의 선택을 받았는지 분석해 본다면 잘한 마케팅, 좋은 마케팅 사례를 발굴할 수 있다.

판매페이지는 플랫폼마다 양식이나 스타일이 다를 수 있으나 핵심 구성 요소는 거의 같다고 볼 수 있다. 특히 아마존의 경우 타 플랫폼 대비 가장 최소한의 요소들로 구성되어 있다고 봐도 무방하다. 따라서 구성 요소들을 비교하고 분석하기에 용이하다. 어느 플랫폼을 이용하든 아마존 판매페이지를 통해 기본 뼈대를 세우고 추가되는 기능을 활용해 살을 덧붙이는 방식으로 마케팅 전략을 세운다면 큰 도움이 될 것이다.

소비자들의 목소리가 담긴 진짜 리뷰

마케팅 방향을 잡기 위해 아마존 리뷰만큼 참고하기 좋은 것도 없을 것이다. 베스트셀러 제품들의 경우 한 제품에 달린 리뷰와 평점이 수십만 개가 넘는다. 만약 비슷한 상품을 준비하는 입장이라면 베스트셀러 제품들의 긍정 리뷰와 부정 리뷰만 잘 분석해도 마케팅의 실마리를 찾을 수 있다. 물론 리뷰 수십만 개를 하나하나 읽다 보면 실마리를 찾기 전에 지쳐버릴 수 있다. 다행히 아마존에는 리뷰를 분류해 주는 기능이 있다. 제품의 특징에 따른 별점을 볼 수 있을 뿐만 아니라 리뷰에서 가장 많이 쓰인 단어를 태그처럼 구분해 소비자들이 어떤 포인트에 반응하는지 나눠서 볼 수 있다. 자주 언급되는 좋은 점은 마케팅 메시지로 사용하고, 부정적인 의견은 해당 부분을 개선, 보완해 제품을 론칭할 때 활용할 수 있다.

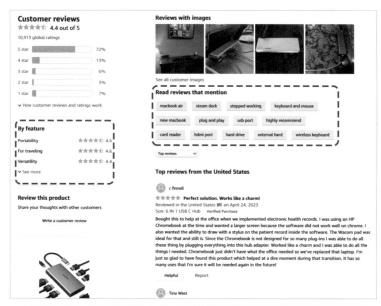

■ 소비자의 반응을 세밀하게 파악할 수 있는 '제품 특징별 별점'과 '리뷰에서 많이 언급된 키워드'

'특징별 별점By feature'과 '리뷰에서 많이 언급된 키워드Read reviews that mention' 부분을 보면 해당 제품 리뷰에서 가장 많이 언급되는 포인트를 한눈에 파악할 수 있다. 이렇게 파악한 점을 판매페이지에 적용하면 소비자들의 구매를 유도하는 데 큰 도움이 된다.

■ 소비자의 총평을 확인할 수 있는 '리뷰 통계'

'리뷰 통계' 부분을 누르면 '리뷰 검색창'이 나와서 내용을 더 자세히 확인할 수 있다.

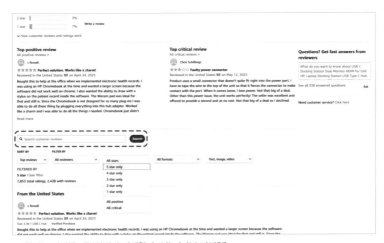

■ 원하는 리뷰를 세분화해서 검색할 수 있는 '리뷰 검색창'

검색창을 이용해서 원하는 키워드를 찾아볼 수도 있고, 정렬과 필터링 기능을 이용해 많은 리뷰를 정리해서 볼 수 있다. 제품의 판매페이지는 수시로 변경되기 때문에 이에 맞는 리뷰를 보기 위해서는 정렬 기준을 최신순Most recent으로 두고 보는 것이 좋다.

한때는 아마존에도 가짜 리뷰가 판을 치던 시절이 있었다. 무료로 제품을 보내주고 좋은 리뷰를 써달라는 판매자도 많았고 돈을 받고 리뷰 장사를 하는 업체도 많았다. 이 때문에 현재 아마존은 소비자 신뢰 회복을 위한 가짜 리뷰 근절에 많은 노력을 기울이고 있다. 가짜 리뷰를 가려내기 위한 AI 모니터링 시스템을 고도화시켜 2020년에만 의심되는 가짜 리뷰를 2억 개 이상 삭제했고, 2022년 7월에는 가짜 리뷰어들을 모으는 1만 1,000개의 페이스북 페이지를 고소했다. 또 가짜 리뷰를 종용하는 행동을 하는 판매자는 가차 없이 계정을 정지시켰다. 그런 과정을 통해 지금 아마존의 리뷰는 신뢰도를 회복하는 중이다. 최근의 아마존 리뷰는 진짜 소비자의 목소리를 들을 수 있는 투명한 정보라 할 수 있다.

아는 만큼 돈이 되는 데이터 분석 툴

아마존의 시장 규모가 거대해진 만큼 아마존에 기생하여 수익을 올리는 비즈니스도 함께 커졌다. 특히 판매자들이 판매를 더 잘할 수 있게 돕는 비즈니스가 많이 성장했다. 대표적인 것이 서드파티Third Party 업체들이 제공하는 아마존 데이터 분석 툴이다. 바이럴 런치Viral launch, 헬리움10helium10, 키파Keepa 등과 같은 툴은 아마존의 데이터를 긁어모아서 각자의 노하우가 담긴 알고리즘을 통해 데이터를 구체화시켜 준다. 특히 이런 툴은 아마존이 직접 제공하지 않는 데이터를 제공하는데, 대표적으로는 특정 제품의 월 판매량, 월 매출, 특정 키워드의 월 검색량 등이 그것이다. 베스트셀러 랭크, 판매 가격 등의 변화 추이도 제공하기 때문에 론칭 후 얼마나 된 제품인지, 계절별로 판매량이 어떻게 달라지는지, 타깃 상품이 마케팅 메시지로 어떤 단어와 문장을 가장 많이 썼는지 등을 확인할 수 있다.

이런 데이터를 잘 조합하고 분석하면 다양한 마케팅 인사이트를 얻을 수 있다. 예를 들어 벤치마킹하고 있는 제품이 어떤 시즌에 판매량이 증가하고, 어떤 마케팅 메시지와 가격 정책을 가져갔는지 등을 알아내는 것이다. 또 이렇게 얻은 분석을 동일 제품군 전체로 확대하면 전반적인 마케팅 트렌드도 파악할 수 있다.

3

보는 순간 사게 되는
판매페이지의 비밀

판매페이지
구성 요소

아마존 판매페이지 구성 요소는 크게 '사진, 타이틀, 불릿 포인트, 제품설명Product Description'으로 나눌 수 있다. 다른 쇼핑몰도 크게 다르지 않다. 보이는 방식은 다르더라도 요소는 동일하다. 따라서 각 구성 요소의 역할과 목적, 작성법을 알면 큰 도움이 될 것이다.

■ 아마존의 판매페이지는 '❶ 사진, ❷ 타이틀, ❸ 불릿 포인트, ❹ 제품설명'으로 구성되어 있다.

100가지 설명보다
한 장의 사진으로
보여줘라

만약 소개팅을 주선받았다고 하자. 주선자에게 가장 먼저 받는 것은 무엇일까? 바로 사진이다. 얼굴 사진 하나로 만남의 성사 여부를 결정할 수 있을 정도로 사진의 역할은 강력하다. 마케팅에서도 마찬가지다. 제품 사진은 온라인을 통한 마케팅에서 가장 중요하다고 해도 틀린 말이 아니다. 온라인에서 소비자는 오프라인과 달리 제품을 직접 만져보고 느껴보고 사용해 볼 수 없다. 그래서 사진을 통해 최대한 제품을 직접 사용하는 듯한 느낌을 줘야 한다. 제품의 사용 방법이나 작동 원리, 사이즈 등 제품 정보를 사진과 영상을 통해 최대한 생생하고 사실적으로 전달해 온라인의 단점을 보완하면서 동시에 온라인의 장점을 부각하는 데 중점을 두어야 한다.

또한 사진을 통해 제품을 '차별화'할 수 있다. 차별화는 내 제품이 비슷한 경쟁 제품과는 다르거나 더 나은 점을 보여줘서 우위를 점하는 것이다. 온라인에는 이미 내 제품과 비슷한 수많은 제품이 판매되고 있다. 기존에 없던 완전히 새로운 제품이 아니라면 소비자는 제품끼리 비교한 뒤 구매를 결정한다. 이때 내 제품을 다른 비교 대상보다 돋보이게 만드는 첫 번째 요소가 사진이다.

안타깝지만 아마존은 메인 이미지의 수를 제한한다. 그래서 아마존의 베스트셀러는 사진의 역할을 7개로 세분화해 소비자를 설득하는 방법을 찾아냈다. 제품의 카테고리마다 조금 다를 수 있지만 아마존 베스트셀러가 제품 사진을 어떻게 구성하는지 사진의 종류와 예시 사진을 소개한다. 본인이 판매자라면 사진을 어떻게 찍을지 상상하면서 본다면 더욱 많은 정보와 힌트를 얻을 수 있을 것이다.

1. 누끼 사진

누끼 사진product image with pure white background은 흰 배경에 제품만 나오는 사진이다. 제품 자체를 보여주거나 사진을 합성하는 용도로 주로 사용한다. 아마존에서는 누끼 사진을 반드시 첫 번째 메인 이미지로 쓰도록 강제하고 있다. 또한 소비자에게 혼란을 줄 수 있기 때문에 판매하지 않는 부품이나 액세서리가 등장해선 안 되며, 부득이한 경우에만 최소한의 소품을 허용한다.

위 사진은 애드프로테크^{ADPROTECH}의 USB C-라이트닝 케이블의 사진이다. 누끼 사진이지만 일반적인 케이블의 모습이 아니라 헤드 부분을 물리적으로 구부린 모습을 표현해 제품의 유연성을 보여주고 있다. 또한 이를 그래픽 효과로 한 번 더 강조해 다른 제품들과 차별화했다.

위 사진은 빈토리오의 와인 포일 커터 사진이다. 실제 와인병 상단에 제품을 배치하고, 하이 앵글(위에서 내려다보는 구도)로 표현했다. 이를 통해 제품이 금속 소재임을 어필함과 동시에 용도까지 한번에 보여주고 있다. 이처럼 제품을 단순 노출하는 것이 아니라 제품이 사용되는 순간을 연출하는 등 아마존이 허용하는 범위 내에서 제품을 가장 잘 보여줄 수 있는 방법을 찾아야 한다.

2. 제품 크기 사진

제품 크기 사진^{size comparison shot}은 제품 크기를 상대적으로 보여주는 사진이다. 사람의 신체나 휴대전화 등과 비교해서 제품의 사이즈를 가늠할 수 있도록 한다.

위 사진은 앤커ANKER의 충전기 사진이다. 화면의 양 측면에 핸드폰과 노트북 등 익숙한 전자제품을 배치해 제품 크기를 간접적으로 확인할 수 있도록 했다.

위 사진은 듀드Dude의 화장실용 물티슈 사진이다. 이 사진은 의도
적으로 타 제품과 크기를 비교해 보여줌으로써 자사 제품의 우수성
을 강조한 경우다. 듀드의 영리한 점은 크기를 단순 비교한 것이 아
니라 제품 가운데 초콜릿 바를 놓음으로써 제품의 크기가 왜 중요한
지를 별도의 설명 없이 직관적으로 표현했다는 것이다. 제품의 크기
뿐 아니라 크기의 중요성을 동시에 전달하는 좋은 이미지라고 할 수
있다.

히어로 코스메틱스Hero Cosmetics의 세럼 사진이다. 제품을 쥐고 있는 손을 통해 크기를 간접적으로 보여주고 있다. 뷰티 제품의 경우 밀리리터ml나 온스oz로 용량을 표기하는 경우가 많기 때문에 제품 크기를 상대적으로 보여주는 사진이 필요하다.

3. 실제 착용 사진

실제 착용 사진lifestyle or Action shot은 생활에서 제품이 어떻게 쓰이는지, 혹은 제품을 어떻게 사용하면 되는지 보여주는 사진이다.

위 사진은 히어로 코스메틱스의 마이티 패치 사진이다. 얼굴을 클로즈업하고 제품을 실제 떼고 붙이는 장면을 연출했다. 한국에서는 여드름 패치가 대중화되어 있지만 영미권에서는 생소한 제품이기 때문에 이처럼 사용법을 보여주는 사진이 반드시 필요하다.

위 사진은 히어로 코스메틱스의 세럼 스틱 사진이다. 이 제품은 여행용임을 어필하기 위해 의도적으로 해변을 배경으로 사진을 찍었다. 더불어 롤 타입 제품임을 보여주기 위해 돌리는 과정을 연출해 야외에서 사용하기 좋은 제품임을 은연중에 강조하고 있다.

위 사진은 베스터가드 프랑센Vestergaard Frandsen의 라이프 스트로 사진이다. '언제 어디서든 안전하게 물을 마실 수 있도록 정수 필터가 달린 스트로'라는 별도의 설명 없이 사진만으로 제품의 용도를 표현했다. 카메라를 물속에 반만 담근 역동적인 연출로 제품의 사용법을 투명하게 보여줌과 동시에 액티비티 활동이 많은 사람들에게 필요한 제품임을 잘 어필하고 있다.

4. 특징 및 디테일 사진

특징 및 디테일 사진feature or detail shot은 제품의 기능과 세부 사항을 강조한 사진이다. 주로 눈에 보이지 않는 제품의 특징을 설명하거나 타 제품과 차별화되는 장점을 한 번 더 강조하기 위해 사용한다.

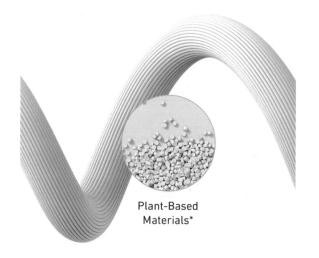

**Built with
Bio-Based Materials**

Plant-Based
Materials*

*Only the exterior of the cable body is made from bio-based materials.
Does not apply to the connector or connector casing.

위 사진은 앤커Anker의 USB C타입 케이블 사진이다. 이 케이블은 바이오 기반의 친환경 재료로 만든 것이 특징으로, 이를 어필하기 위해 재료 사진을 중앙에 배치했다. 배경으로 케이블이 보여 제품의 재료임이 자연스럽게 표현되었다.

위 사진은 질레트Gillette의 면도기 사진이다. 1998년 질레트에서 출시된 마하3는 세계 최초의 3중날 면도기다. 이전 모델인 2중날 면도기와 차별화된 점을 강조하기 위해 3중으로 된 면도날을 확대해서 보여주고 있다.

ANTI-BREAK   NON-SLIP BACKING

STRONG DURABLE MATERIAL   WATER RESISTANT

위 사진은 와이즈라이프WISELIFE의 주방 발매트 사진이다. 화면을
4분할해 제품의 특징인 쿠션감, 미끄럼 방지, 이중 소재 및 강한 내
구성, 방수 기능을 동시에 보여주고 있다.

5. 설정 사진

설정 사진lifestyle images은 제품의 다양한 사용처나 활용법을 연출
해 보여주는 사진이다. 설정 사진의 역할은 소비자의 구매 욕구를

극적으로 충족시켜 구매로 이어지도록 하는 것이다. 제품을 구매하면 사진이 전달하는 분위기까지 얻을 수 있을 것 같은 환상을 줘야 한다.

SMIRLY® Patented Design. Copyrighted Image.

smirly

위 사진은 스밀리SMIRLY의 치즈 보드 사진이다. 홈파티 상황을 연출하고 훌륭하게 플레이팅한 모습을 보여줌으로써 마치 이 제품을 사용하면 멋진 홈파티가 완성될 것 같은 느낌을 준다.

    위 사진은 듀드의 물티슈 사진이다. 얼음에 담긴 물티슈를 통해 이 제품을 사용할 경우 시원함을 느낄 수 있다는 것을 표현했다. 물티슈처럼 사용하는 모습을 직접적으로 연출할 수 없는 제품의 경우 이렇게 창의적인 방법으로 느낌을 전달할 수 있다. 또한 이미지를 전체에 배치하지 않고 프레임 안에 배치한 뒤 상단 텍스트('냉기를 느껴라')를 넣으면 이미지가 전달하고자 하는 의미를 보다 분명하게 강조할 수 있다.

위 사진은 와이즈라이프의 주방 발매트 사진이다. 주방에서 오랜 시간 서서 일을 하는 주부들은 다리와 허리 통증을 고질병처럼 가지고 있다. 주방에서 편안한 복장으로 여유롭게 미소 짓고 있는 여성의 사진을 통해 이 제품을 사용할 경우 다리 통증에서 해방될 수 있음을 전달하고 있다.

6. 인포그래픽

인포그래픽infographics은 제품의 강점이라고 할 수 있는 주요 스펙을 정리해 전달하는 사진이다. 제품의 정보를 리스트, 표, 그래프 등의 시각적 그래픽 요소로 표현함으로써 소비자가 보다 쉽고 빠르게 정보를 이해할 수 있도록 한다.

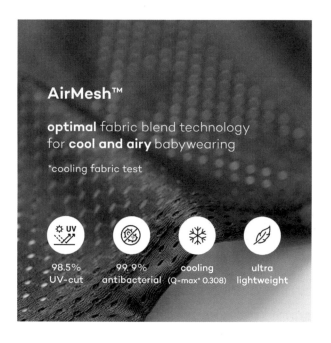

위 사진은 코니Konny의 아기띠baby carrier 사진이다. 에어메시로 만들었다는 것을 강조하기 위해 실제 제품을 클로즈업해 보여주고 하단의 4개 인포그래픽으로 정보를 전달하고 있다. 봐도 무엇인지 모를 수 있는 특수 소재 같은 시각적인 정보를 전달할 때는 이해하는 데 도움이 되는 설명을 함께 전달하는 것이 좋다.

SIZE	20" (Carry-on)	24" (Checking)	28" (Checking)
L*W*H	14" * 9" * 22"	16" * 10" * 26"	18" * 12" *29"
WEIGHT	6.5lbs	8.3lbs	10.3lbs
VOLUME	35L	60L	92L
TRAVEL DAYS	1-3days	3-7days	>7days
	X4 X3 X1 X2	X12 X6 X3 X5	X20 X10 X4 X6

위 사진은 포치어Fochier의 캐리어 사진이다. 제품 특성상 크기와
부피 스펙이 구매 결정에 영향을 미치기 때문에 크기별 스펙을 표로
상세히 정리해 제공하고 있다. 포치어는 여기에 그치지 않고 캐리어
우측에 여성 이미지를 배치하는 센스를 발휘했다. 이를 통해 소비자
는 제품의 크기를 쉽게 가늠할 수 있다.

Bag Dimensions

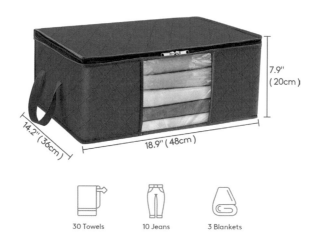

위 사진은 라이프윗Lifewit의 옷장 정리함 사진이다. 대부분의 판매자가 제품의 사진에 사이즈를 표기하는 데 그친다. 하지만 라이프윗은 하단에 인포그래픽을 더했다. 수건 30장, 청바지 10벌, 담요 3장이 담긴다는 사실을 간결하게 설명함으로써 소비자가 보다 직관적으로 크기를 체감할 수 있도록 했다.

7. 패키지 사진

패키지 사진shot of package은 제품을 구매했을 때 소비자가 받게 되는 패키지의 모습을 보여주는 사진이다. 배송 중 파손 위험이 있는 제품이나 선물용으로 구매하는 제품의 경우 패키지 사진의 여부가 구매에 큰 영향을 미친다.

A Winelover's Dream

- Perfect gift and must-have item for the smart wine lover
- **Lifetime Manufacturer's Guarantee** - 100% satisfaction guaranteed or your money back

SHOP&SAVE

The more Vintorio products you order, the more you **SAVE!** Use one of the following codes at checkout.

15% OFF 4 products
VINTORIO3

10% OFF 3 products
VINTORIO2

5% OFF 2 products
VINTORIO1

위 사진은 빈토리오의 와인 에어레이터 사진이다. 실제 제품이 패키징된 사진을 통해 제품이 안전하게 배송됨을 보여준다. 빈토리오는 자체 제작한 맞춤 패키징으로 제품의 안정성과 고급스러움을 더했다. 실제로 제품의 리뷰를 보면 '깨지지 않고 안전하게 배송되었으며 패키지가 고급스러워 선물용으로도 좋아 보인다'라는 평이 많다. 맞춤 패키징이 필수는 아니다. 단순히 파손 방지를 목적으로 한다면 에어캡이나 완충재로도 충분하다. 그러나 브랜드 이미지까지 고려한다면 맞춤 패키징을 하는 편이 훨씬 유리하다.

Reducing Plastic
for a Greener Future

Built with
Bio-Based Materials

The exterior of our bio-based cables is around 40% composed of a proprietary mixture of plant-based materials. Using plant matter in our cables allows us to cut down on petroleum-based plastic such as TPE.

*Data based on Jun. 2022 BETA laboratory testing.

Anker Eco Product

Low-Plastic
Packaging

We've reduced the amount of plastic used in packaging for the entire lineup by an average of 90%*. The inner material of the packaging has been changed from plastic to pulp, the packaging paper is FSC-certified 100% recyclable, and printing is done with natural soy ink.

FSC

PRINTED WITH SOY INK

*Calculated based on Aug. 2022 internal testing to measure the weight of plastic reduced in the packaging.

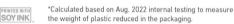

위 사진은 앤커의 USB C타입 케이블 사진이다. 앤커는 옥수수와 사탕수수 같은 식물 기반 재료로 만든 친환경 케이블을 출시하며 제품 패키징 또한 플라스틱 양을 줄인 친환경 포장재를 사용했다. 전 세계적으로 친환경 요소를 중시하는 소비자들이 늘어나면서 '친환경 제품' '친환경 포장재' 등은 중요한 마케팅 포인트가 되고 있다.

위 사진은 버츠비Burt's bees의 에센셜 뷰티 기프트 세트 사진이다. 세트 상품의 경우 패키징 사진을 가장 먼저 노출되는 메인 이미지로 사용해야 하기 때문에, 이때는 포장된 상태뿐 아니라 안의 구성품이 한눈에 보이는 것이 좋다. 겉에서 안이 보이지 않는 패키징의 경우에는 안의 구성품을 밖으로 꺼내 함께 보여주는 것도 방법이다. 소비자가 궁금한 부분을 여러 단계를 거치지 않고 한 번에 해소해 줄 때 구매 확률은 크게 증가한다.

마지막으로 해외 고객을 대상으로 제품 사진을 촬영할 때 반드시 주의해야 할 점이 있다. 바로 인종 문제다. 미국은 2022년 현재 백인 57.8%, 히스패닉 18.7%, 흑인 12.4%, 아시아인 6%로 다양한 인종이 함께 살아가고 있다. 해외에 진출하는 회사라면 모델을 사용할 때

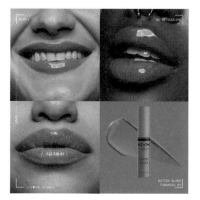

■ 제품의 발색을 보여주기 위해 다양한 인종을 모델로 한 NYX

이 점을 각별히 신경 써야 하며, 되도록이면 모든 인종을 모델로 쓰는 것이 좋다.

로레알 계열의 화장품 브랜드 NYX의 제품 사진이 미국의 이러한 특수성을 잘 반영한 아주 좋은 사례다. NYX는 제품의 발색력을 보여주기 위해 다양한 인종을 모델로 했다. 피부색에 따라 컬러가 달라지기 때문에 소비자는 보다 쉽게 자신에게 맞는 컬러를 선택할 수 있다. NYX뿐 아니라 맥MAC, 디올DIOR, 에스티 로더ESTEE LAUDER 등의 글로벌 브랜드는 이미 전 세계 소비자를 겨냥해 다양한 인종을 모델로 하고 있다.

다양한 인종을 모델로 쓰는 것이 부담스럽다면 홍보 시 다양한 인종의 인플루언서에게 제품을 제공하여 되도록이면 여러 인종이 제품을 사용한다는 것을 꼭 어필하는 게 좋다. 특히 피부에 사용하거나 몸에 착용하는 제품이라면 이는 옵션이 아닌 필수다.

소비자와 검색엔진을 모두 만족시키는 타이틀

소개팅에서 사진 다음으로 받게 되는 것은 무엇일까? 이름, 나이, 직업과 같은 주요 인적사항이다. 우리는 인적사항을 통해 소개팅 상대가 내가 원하는 사람인지 일차적으로 판단한다. 마케팅에서 제품을 접하는 과정도 마찬가지다. 인물 사진은 곧 제품 이미지고, 인적사항은 타이틀, 즉 제품명이다.

타이틀은 이미지로 어필한 제품을 특정하는 첫 번째 문장이다. 소비자는 상품의 생김새를 이미지로 직관적으로 확인하고, 타이틀을 읽으면서 정확히 어떤 제품인지 인지한다. 따라서 타이틀을 잘 작성하는 것은 매우 중요하다.

그렇다면 '좋은 타이틀'이란 무엇일까? 제품의 특징을 잘 드러낸 타이틀일까, 아니면 사람들이 많이 검색하는 키워드를 조합한 타이틀일까? 좋은 타이틀이란 결국 소비자의 선택을 받는 타이틀이다. 따라서 대다수의 판매자는 소비자를 타깃으로 타이틀을 작성한다.

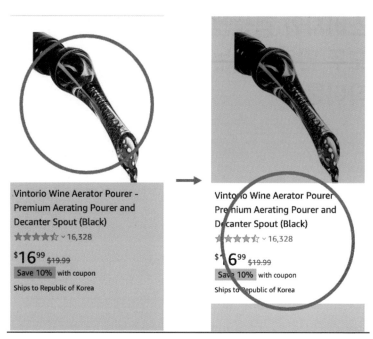

■ 첫인상을 결정하는 사진과 제품의 특징을 압축한 타이틀

하지만 이 말은 반은 맞고 반은 틀렸다. 아마존에는 타이틀을 보는 주체가 하나 더 있기 때문이다. 바로 아마존 검색엔진이다.

소비자가 검색어를 통해 연관 상품을 볼 수 있는 이유는 아마존 검색엔진이 제품 타이틀을 읽어서 저장했기 때문이다. 아마존 검색엔진은 소비자보다 먼저 타이틀을 보고 어떤 상품인지 파악한 후 검색 결과에 반영한다. 소비자의 검색어와 관련성이 높은 타이틀은 먼저 노출되고, 관련성이 떨어지거나 좋지 못한 타이틀은 순위에서 밀리게 된다. 따라서 판매자는 아마존 검색엔진과 소비자 모두에게 잘 어필하는 타이틀을 작성해야 한다.

검색엔진이 만족하는 타이틀

아마존 검색엔진은 사람이 아니라 컴퓨터 프로그램이다. 그러니 검색엔진은 타이틀을 읽고 단순히 좋은 문장, 나쁜 문장을 구별할 수 없다. 대신 다음의 측정 가능한 요소들을 통해 타이틀의 품질을 평가한다.

핵심 키워드

검색엔진은 여러 가지 요인을 고려해 상품의 노출 순서를 결정하는데, 그중 타이틀이 가장 중요한 요인이다. 검색의 기본은 사용자가 입력한 키워드와 가장 적합한 제품을 보여주는 것이기 때문이다. 검색엔진은 타이틀을 제품의 대표 텍스트로 인식하기 때문에 타이틀을 바탕으로 어떤 키워드와 관련된 제품인지 분류한다. 즉 제품을 대표하는 핵심적인 키워드를 타이틀에 얼마나 잘 반영했는지에 따라 내 제품이 검색 결과 상단에 노출되느냐가 결정된다. 검색엔진은 타이틀에 사용한 키워드와 실제 제품의 연관성도 파악하기 때문에 단순히 검색량이 많다고 해서 제품과 관련 없는 키워드를 타이틀에 넣어서는 안 된다.

필수 요구 사항

아마존에는 타이틀의 일관성을 유지하고 무분별한 자극적 문구를 사용하지 못하도록 기본적으로 지켜야 할 몇 가지 규칙이 존재한다. 첫째, 권장 길이에 따라 제품에 대한 정보만 적는다. 아마존은 카테고리별로 타이틀의 최대 길이를 제한하고 있다. 카테고리별로 조금씩 다르기는 하지만 80자 미만을 권장한다. 둘째, 홍보 문구가 포함돼서는 안 된다. '무료배송' '100% 품질 보장'처럼 제품 설명과 무관한 홍보 문구는 타이틀에 담을 수 없다. 셋째, 물결(~), 물음표(?), 느낌표(!) 등의 특수 문자는 사용할 수 없다. 대신 하이픈(-), 빗금(/), 쉼표(,), 앤드(&), 마침표(.)는 사용할 수 있다. 넷째, 제품의 식별 정보인 제품군이 반드시 타이틀에 담겨야 한다. 이 규정 중 하나라도 어기면 검색엔진이 좋지 않은 타이틀로 간주한다. 즉 사용자가 검색을 해도 검색 결과에 제품이 노출되지 않을 수 있다.

선택 요구 사항

필수 요구 사항 외에도 아마존에서는 공식적으로 권장하는 추가적인 가이드라인이 있다. 필수 요구 사항과 달리 공식적으로는 아마존 검색엔진에 영향을 미치지 않는 항목이다. 하지만 아마존에서 권장하는 좋은 타이틀의 표준이기 때문에 검색엔진에 간접적인 영향을 끼칠 수 있으니 참고하는 것이 좋다.

첫째, 타이틀은 간결해야 한다. 키워드를 많이 넣어 길게 작성하면 다양한 검색에 노출될 수 있지만 가독성이 떨어져 결과적으로 좋지 않다. 둘째, 대문자로만 타이틀을 작성하지 않는다. 셋째, 각 단어의 첫 글자는 대문자로 표기한다. 넷째, 숫자는 영어 대신 아라비아숫자로 작성한다. 이 외에도 판매자의 이름을 넣을 수 없다 등

총 11개의 항목이 있다. 이에 대해 자세하게 알고 싶다면 아마존 공식 문서를 참고하길 바란다. (https://sellercentral.amazon.com/help/hub/reference/external/GYTR6SYGFA5E3EQC)

소비자가 만족하는 타이틀

지금까지 아마존 검색엔진이 요구하는 규칙에 대해 살펴보았다. 하지만 검색 결과 창에서의 순서는 타이틀의 품질뿐만 아니라 광고 등 다양한 요소의 이해관계가 있기 때문에, 검색엔진만 충족해서는 좋은 타이틀이라고 말하기 어렵다. 결국 타이틀을 클릭하는 사람은 소비자이기 때문이다. 다음의 두 제품을 비교해 보자.

Pampers, Baby Diaper Wipes, Baby Fresh Scent, 10X Pop-Top Packs, 800 Count
800 Count (Pack of 1)
★★★★☆ ˅ 24,206
Options: 4 sizes

Scented Baby Wipes - 500 ct - up & up
Wipes · 100 Count (Pack of 5)
★★★★☆ ˅ 35

■ 베스트셀러의 제품 타이틀과 일반 셀러의 제품 타이틀

검색창에 'Baby wipes'를 검색했을 때 나온 제품이다. 하나는 베스트셀러의 제품이고 다른 하나는 일반 셀러의 제품인데, 타이틀만 보고도 어느 쪽이 베스트셀러의 제품인지 맞힐 수 있다. (두 제품을 단순 비교하기에는 무리가 있지만, 다른 조건이 비슷하다고 하더라도 결과는 크게 달라지지 않을 것이다. 카테고리별 베스트셀러 제품의 타이틀을 살펴보면 대부분 유사한 패턴을 가지고 있음을 알 수 있다.)

두 타이틀의 차이점은 '키워드'에 있다. 베스트셀러 제품의 타이틀이 단순 키워드의 나열처럼 보이지만 그렇지 않다. 아마존이 권장하는 글자 수 내에서 가장 효율적으로 소비자가 만족할 만한 정보를 제공하기 위해 철저하게 계산된 타이틀이다.

앞에서 설명했듯 타이틀은 아이템을 특정하는 대표 문구로 기능한다. 즉 소비자가 처음 타이틀을 읽었을 때 어떤 제품인지 명확히 이해할 수 있어야 한다. 이를 위해서는 키워드의 선정과 조합이 중요하다.

키워드는 역할에 따라 메인 키워드, 핵심 키워드, 추가 키워드로 구분된다. 메인 키워드는 제품의 정체성을 담은 키워드로, 브랜드명과 제품명 혹은 제품군 등이 여기에 해당한다. 핵심 키워드는 제품의 특징을 담은 키워드다. 핵심 키워드를 선정할 때는 유사 제품에서 사용한 키워드, 유사 제품 리뷰에서 구매자가 자주 사용한 키워드 등을 고려하는 것이 좋다. 추가 키워드는 제품의 세부 정보를 담은 키워드다.

실제 베스트셀러 제품의 타이틀에 적용해 살펴보자.

Pampers, Baby Diaper Wipes, Baby Fresh Scent, 10X Pop-Top Packs, 800 Count

일반적으로 타이틀의 첫 번째 키워드는 브랜드명으로 한다. 아마 존에는 판매자가 넣지 않아도 타이틀 앞부분에 브랜드명을 달아주 는 시스템이 있지만 판매자가 직접 입력하는 것을 권장하고 있다.

Pampers, Baby Diaper Wipes, Baby Fresh Scent, 10X Pop-Top Packs, 800 Count

두 번째 키워드에는 제품군을 명시한다. 이 제품은 물티슈, 그중 에서도 아기용 물티슈이기 때문에 이에 맞게 'Baby Diaper Wipes'라 는 키워드를 사용했다.

Pampers, Baby Diaper Wipes, Baby Fresh Scent, 10X Pop-Top Packs, 800 Count

그다음으로는 제품의 특징을 강조하는 키워드를 간결하게 넣는 다. 여기서는 'Baby Fresh Scent'라는 키워드 하나만 배치했지만, 제 품 특성에 맞게 2개 이상 구성하는 것이 더 일반적이다.

Pampers, Baby Diaper Wipes, Baby Fresh Scent, 10X Pop-Top Packs, 800 Count

　　마지막으로 수량, 무게, 부피 등의 추가 키워드를 넣는다. 소비자가 이 부분을 보고 원하는 조건의 제품인지 한눈에 알 수 있어야 한다.

　　물론 이 타이틀의 키워드 배치나 네이밍이 정답은 아니다. 실제로 아마존에 검색해 보면 브랜드마다 수량을 앞에 배치하는 등의 차이는 있다. 그럼에도 본질은 변하지 않는다. 소비자가 타이틀만 보고도 자신이 찾던 제품임을 알 수 있도록, 그래서 타이틀을 클릭하고 판매페이지로 넘어가도록 유도하는 것이 중요하다.

불릿 포인트로
소비자의 마음을
사로잡아라

Best
Amazon Sellers'
Marketing

좋은 사진과 타이틀로 소비자를 판매페이지까지 유도했다면 이제부터 본격적인 소개팅이 시작된다. 소개팅에서 "어디 사세요?" "취미는 뭔가요?" 등의 구체적인 질문을 통해 상대의 호감도를 파악하듯, 판매자는 판매페이지를 통해 소비자의 호감을 얻어야 한다. 따라서 판매페이지에서 제품의 핵심을 잘 전달하는 것은 소비자의 구매 결정을 이끌어내는 중요한 마케팅 과정 중 하나다.

아마 국내 온라인 쇼핑을 많이 해본 사람들은 좌측에는 이미지, 우측에는 구매 옵션 및 구매 버튼, 하단에는 소위 상세페이지라고 불리는 세로 형태의 이미지로 구성된 판매페이지에 익숙할 것이다. 아마존도 이와 크게 다르지 않지만, 아마존에서는 국내 상세페이지만큼 텍스트와 이미지를 자유롭게 사용할 수 없다. 대신 아마존에는 5~10개의 불릿 포인트bullet point가 있다. 제품을 소개하는 설명글이라고 이해하면 된다. 아마존에서는 제품을 설명할 수 있는 요소가

3장 보는 순간 사게 되는 판매페이지의 비밀　**63**

한정되어 있기 때문에 5~10개의 불릿 포인트를 잘 활용해야 한다.

단순히 제품의 스펙을 알려주는 것으로 구매 결정을 이끌 수는 없다. 애플의 아이폰 광고를 예로 들어보자. 아이폰 광고에는 아이폰의 최신 기술과 성능에 대한 내용은 나오지 않는다. 만약 아이폰이 카메라 기능을 홍보하고 싶다면 사진이 필요한 극적인 순간에 주머니에서 아이폰이 나오는 장면을 연출한다. 어떤 광고에서는 아이폰이 0.5초만 등장하는 경우도 있다. 이처럼 소비자에게 제품을 설명할 때는 이 제품이 소비자에게 왜 필요한지 커뮤니케이션하는 것이 중요하다. 다시 말해 이 제품이 나에게 어떤 이득을 가져다 주는지 이해시켜야 제품을 구매하는 것이다. 아마존 베스트셀러들은 '피처Feature' '어드밴티지Advantages' '베네핏Benefits' 'USPUnique Selling Proposition' 'CTACall To Action'라는 5가지 요소를 혼합해 소비자를 설득한다.

1. 피처

제품의 '특징'으로, 흔히 말하는 제품의 스펙이라고도 볼 수 있다. '이 마우스는 검정색이다' '이 스마트폰의 카메라는 1,000만 화소다' 등 단순히 제품을 구성하는 특징을 가리킨다.

2. 어드밴티지

제품의 '장점'으로, 다른 제품과 비교했을 때 더 뛰어난 점을 가리킨다. '이 노트북은 저 노트북보다 가볍다' '이 물통은 저 물통보다 크다' 등 동일한 제품군의 제품이나 경쟁사 제품과 비교했을 때 더 뛰어나다고 할 수 있는 요소를 뜻한다.

3. 베네핏

제품이 소비자에게 줄 수 있는 '혜택'을 말한다. '이 스마트폰으로 셀카를 찍으면 엄청 예쁘게 나온다'처럼 소비자가 제품을 구매했을 때 얻을 수 있는 이점을 가리킨다.

4. USP

경쟁사 제품보다 월등히 나은 점을 말한다. '국내 최초 새벽배송' '손에서는 녹지 않고 입에서만 녹는 초콜릿' 등 남들과 차별화된 소구점을 임팩트 있게 전달하는 것이 중요하다. USP를 어필할 때 구매로 이어질 가능성이 가장 높기 때문에 사진, 텍스트, 영상 등 사용 가능한 모든 방법을 동원해 여러 번 반복해 소비자의 머릿속에 각인시키는 것이 좋다.

5. CTA

소비자가 어떤 행동을 취하도록 유도하는 문구를 말한다. '지금 당장 구매하세요' '지금 바로 신청하세요'와 같이 소비자가 취해야 하는 행동을 구체적으로 제시할수록 효과적이다. 사소해 보이고 불필요하다고 생각할 수도 있지만 소비자는 생각보다 더 수동적이다. CTA는 구매에 영향을 미치는 요소이니 가급적이면 넣는 것이 좋다.

팔리는 상품의
제품설명은 다르다

타이틀, 불릿 포인트에서 미처 담지 못한 내용은 제품설명에서 추가로 설명할 수 있다. 제품설명은 불릿 포인트에 비해 화면에서 차지하는 비율이 크고 이미지도 첨부할 수 있다.

제품설명은 마치 질문과 답변이 오가는 치열한 면접 과정과도 같다. 면접에서 내가 하고 싶은 말만 늘어놓는다면 면접관에게 좋은 인상을 주지 못한다. 중요한 것은 면접관이 궁금해하는 정보를 적절한 타이밍에 전달해 주는 것이다.

소비자는 제품설명을 스크롤하며 제품에 대한 궁금증을 하나씩 해소한다. 이 과정이 만족스러울 경우 최종 구매 결정으로 이어진다. 그렇기에 베스트셀러들은 소비자에 대한 깊은 이해를 바탕으로 소비자가 제품을 클릭하는 시점부터 내 물건을 사기로 마음먹기까지의 과정을 세밀하게 시뮬레이션하며 소비자가 궁금해할 법한 내용을 적절한 위치에 제공한다. 소비자가 스크롤을 멈칫하고 고민하는 순간마다 제품의 베네핏으로 확신을 주는 것이다. 이 과정이 정교할수록 제품의 구매전환율은 높아진다.

소비자의 마음을 이해했다면 이제는 소비자에게 어떻게 전달할지를 고민해야 한다. 이를 위해 우선적으로 접근 방식을 결정해야 한다. 소비자와 눈높이를 맞추는 것인데, 제품을 설명할 때 흔히 두 가지 접근법을 활용한다. '전문가의 입장'에서 소비자에게 정보를 전달하는 방법과 '소비자와 같은 위치'에서 친근하게 접근하는 방법이다. 일부 제품은 전문가 입장에서 '우린 이 제품의 전문가이며, 당신이 왜 이 제품을 구매해야 하는지 논리적으로 설명해주겠다'라는 접근 방식이 중요하다. 이때는 연구 및 실험 결과 등의 근거가 탄탄해야 한다.

반면 어떤 제품은 소비자와 같은 위치에서 접근하는 것이 유리하다. 친근하게 접근하려면 우선 콘텐츠 구성이 심플하고 이해하기 쉬워야 한다. 그리고 카피라이팅은 화려하거나 어려운 단어보다 쉽게 이해할 수 있는 말로 말하듯이 쓰는 것이 효과적이다. 소비자가 사용하는 언어, 일상에서 흔히 접하는 말투를 사용해 마치 이 제품을 먼저 사용해본 친구가 추천해주는 듯한 느낌을 주는 것이다. 제품군에 따라 차이는 있겠지만 대체로 소비자는 눈높이가 맞는 내용에 빨리 반응한다.

눈높이를 결정했다면 이제는 시각적으로 어떻게 표현할지 디자인해야 한다. 제품설명은 주로 이미지와 텍스트의 조합으로 구성된다.

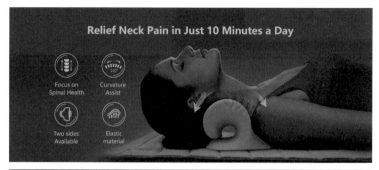

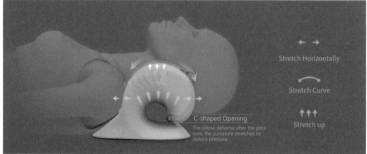

■ 레스트클라우드의 넥릴렉서 제품설명

아마존 베스트셀러인 레스트클라우드RESTCLOUD의 넥릴렉서Neck Relaxer 제품설명 일부를 보자. '하루 10분이면 목 통증이 사라진다 Relief neck pain in just 10 minutes a day'는 문구와 실제 사용 모습을 그래픽으로 크게 강조해 제품의 효과와 사용법을 직관적으로 보여주고 있다. 추가 기능은 짧은 텍스트와 함께 각 특징에 맞는 심플한 그래픽으로 표현해 가독성을 높였다. 소비자와 같은 위치에서 친근하게 접근한 예시다.

소비자의 입장을 고려하지 않은 제품설명과 비교해 보면 차이가 극명하다. 타사의 넥릴렉서 제품설명을 보면, 제품의 특징 4가지를

Better Material
Slightly elastic polyurethane material, odorless, easy to clean and durable. Compared with products with too soft memory foam, it can help relieving neck pain better.

C-port shape design
The design of the C-shaped opening ensures that the massage pillow has enough space for neck traction when the head is pushed down by the gravity. The opening distance is about 2-3cm, which is not too far and can ensure the traction effect.

6 massage knots
The convex points covered on the surface correspond to the acupoint nodes of the shoulder and neck, allowing you to effectively massage the meridians when pulling the shoulder and neck.

Two levels of traction
Convex surface is Weak traction, suitable for people who use these products for the first time.
Concave surface is traction reinforcement, suitable for people who have used these products for a while.

■ 타사의 넥릴렉서 제품설명

4분할로 강조하고 있지만 베스트셀러 제품과 비교했을 때 주목성이 떨어진다. 일반적으로 필요한 정보는 명시했으나 시각적으로 강조하는 힘이 부족하다. 특히 긴 텍스트는 소비자가 끝까지 읽지 않을 가능성이 매우 크다. 게다가 실제 사용하는 모습 없이 제품 이미지만 보여주다 보니 어떤 부위가 어떻게 좋아지는지 전달력이 떨어져 구매 욕구가 떨어진다.

소비자와 같은 위치에서 접근하는 것이 어렵다면 경쟁사 제품의 후기를 참고하는 것도 좋다. 후기는 소비자가 직접 작성한 것이기 때문에 일상적인 단어와 문체를 사용한다. 소비자가 만족한 점이나 불만족한 점을 파악해 마케팅 전략을 세우고 핵심 카피를 작성한다면 소비자의 마음을 움직일 수 있을 것이다.

이때 경쟁사의 카피를 그대로, 혹은 유사하게 따라해서는 안 된다. 윤리적인 문제나 저작권에 대한 문제는 차치하더라도 마케팅적으로도 도움이 되지 않는다. 비슷한 카피를 사용하고 있는 두 제품이 있는데 한 제품은 판매량도 높고 리뷰가 많이 달린 반면, 다른 한 제품은 판매량이 저조하고 리뷰도 없다면 소비자 입장에서 무엇을 선택하겠는가? 후발 주자인 상황에서 아무런 고민 없이 경쟁사의 카피를 따라했다가는 경쟁사 제품의 아류로 취급되어 제품 자체의 신뢰도에 나쁜 영향을 미치게 된다.

4

작은 브랜드가 거대 시장에서
살아남는 방법

개성과 취향이
뚜렷한
작은 브랜드의 탄생

인터넷의 등장과 발전으로 유통업계에도 상당한 변화가 일어났다. 유통의 공급과 수요 모든 측면에서 일어난 변화다. 상품 공급자 입장에서는 상품의 노출과 유통 경로가 다양해지고, 이에 대한 진입 장벽이 낮아졌다. 전통적인 유통 방식에서는 신생 브랜드가 대형마트 같은 소매 채널에 입점하는 자체가 큰 진입 장벽이었다. 상품을 홍보할 수 있는 매체도 제한적이다 보니 광고단가 자체가 초기 기업이나 신생 브랜드에는 부담되는 수준이었다. 그러다 보니 자본력과 유통망을 갖춘 규모 있는 기업 위주로 유통시장이 돌아가는 게 너무나 당연했다. 하지만 이제는 인터넷이라는 새로운 공간이 생겨나서 홍보할 수 있는 매체도 많아지고 온라인상의 유통 채널도 다양해졌다.

온라인상에서의 홍보와 유통에도 수요-공급의 법칙은 적용된다. 온라인 홍보와 유통 채널이 등장하면서 공급이 늘어나다 보니 온·오프라인의 전체적인 평균 광고단가와 입점비, 판매 수수료 등이 낮아진 것이다. 오프라인만 있을 때는 홍보와 유통단가가 높아서 일부만 전문으로 하는 홍보업체와 유통업체에 맡기는 방식이었다면, 이제는 온라인을 통해 상품 생산자가 홍보와 유통까지 직접 해볼 만한 수준이 되었다. (물론 공부하고 준비해야 할 분량은 훨씬 많아졌다.)

반면 수요 측면에서는 미디어의 확장이 영향을 미쳤다. 스마트폰이 등장한 이후 인스타그램, 틱톡, 유튜브 등 소셜미디어 등을 통해 다양한 형태의 콘텐츠를 생산하고 소비할 수 있게 되었다. 소통 방식이 동기Synchronous 형태이든 비동기Asynchronous 형태이든 각자의 방식대로 무엇인가를 끊임없이 공유할 수 있는 세상이 된 것이다.

이렇게 만들어진 콘텐츠의 양은 엄청나다. 정보의 홍수 속에 살고 있다는 말은 일상이 되어버렸다. 2022년도 기준으로 구글이 하루 평균 처리하는 검색량이 약 85억 건이라고 한다. 초당 9만 9,000건을 처리하는 셈이다. 전 세계 인구와 국가별 인터넷보급률, 그리고 구글의 시장점유율을 감안했을 때, 사람들은 평균적으로 하루에 5회 이상 검색을 한다고 볼 수 있다. 이러한 온라인 환경 속에서 정보에 대한 의존도가 높아지고 콘텐츠의 생산량도 급격하게 상승하다 보니 콘텐츠의 생산과 소비 사이클에도 속도가 붙었다.

그리고 이에 따라 콘텐츠에도 편향된 소비와 생산이 일어나고 있다. 각 언론사마다 정치 성향이 있듯이, 일반적인 콘텐츠에도 자연스럽게 취향과 성향이 부각된 것이다. 이런 변화들은 개개인의 개성을 더 잘 드러내고, 비슷한 취미와 관심사를 나누는 사람들끼리 모이게 한다. 그러다 보니 과거에 비해 구매하는 상품에 대한 지식수준도 높아지고 니즈도 세분화되었다. 아무래도 보고 듣는 것이 많아지고 정보 공유도 활발해지다 보니 소비자들의 평균적인 수준과 상품의 수요에도 상향평준화가 생길 수밖에 없다. 새로운 기능이나 상품 출시는 금세 소문이 나고 소비경험담도 순식간에 공유된다. 이렇듯 이커머스와 온라인 매체, 소셜미디어 등이 발전하면서 시장에 공급되는 상품의 양이 다양해질 수 있었다.

반면 모두가 좋아하는 대중적인 브랜드가 탄생하는 일은 점점 어려워지고 있다. 심지어는 유지하고 있던 입지마저도 위협받는 경우가 적지 않다. 개인 관심사와 취향은 점점 더 세분화되고 있는데, 대중적인 브랜드는 태생 자체가 '표준화'에 목적을 두고 있기 때문이다. 동일한 상품을 최대한 많이 생산하여 제조단가를 낮추고 대량으로 유통시켜서 유통 비용을 최소화하는 전략은 이제 주류가 아닌 것이 됐다.

이런 상황 속에서 급성장하고 있는 신생 브랜드들이 있다. 소비자의 취향과 니즈를 최적화한 브랜드로 '작은 브랜드'라고도 한다. 이들은 개인의 취향과 개성을 존중하고 고객과 소통하며 팬덤을 형성한다. 재치 있는 콘텐츠로 이목을 끌고 직관적이며 진정성 있는 스토리텔링으로 브랜딩한다. 이처럼 작은 브랜드들은 지금까지와는 다른 방식으로 성장하며 자신만의 영역을 구축하고 있다.

작은 브랜드는
작은 브랜드만의
방식이 있다

작은 브랜드가 아마존과 같은 글로벌 마켓에서 성공적으로 론칭하려면 어떻게 해야 할까? 다음 10개의 원칙 중에 잘못된 문항이 몇 개인지 맞춰보면서 점검해 보자.

① 아마존은 유사한 상품이 워낙 많기 때문에 우리 회사 상품의 활용 방안을 최대한 많이 제시해서 넓은 활용성을 부각해야 소비자들이 좋아한다.

② 미국 소비자들은 아마존 프라임 멤버십 하나의 계정을 가족과 공유한다. 따라서 남녀노소를 위한 패밀리형 제품이라고 강조해서 상품의 범용성을 최대한 강조해야 판매에 유리하다.

③ 아마존에서 성공적인 브랜딩을 하는 데 가장 우선되는 것은 우리 회사 상품을 최대한 많이 선보이는 것이다. 그러므로 다양한 키워드와 타깃에 폭넓게 광고해야 한다.

④ 아마존은 워낙 넓은 마켓이고 다양한 인종이 있기 때문에 론 칭 초기부터 스페인어, 불어, 중국어 등 여러 언어의 다양한 키 워드로 마케팅을 해야 인종차별적인 이미지를 피하고, 초기 매출에 도움을 받을 수 있다.

⑤ 아마존은 경쟁이 심하고 광고비가 워낙 비싸기 때문에 론칭 초기에는 광고로 인한 역마진은 어쩔 수 없이 감안해야 하고, 이 역마진 구간을 단축하기 위해서는 가장 검색량이 많은 키 워드에 광고를 집중시켜야 한다.

⑥ 아마존은 광고비를 많이 지불하는 판매자에게 이점을 주는 알 고리즘이 있기 때문에 론칭 초기에 최대한 광고비를 많이 투 자해야 상품 랭킹을 올릴 수 있다.

⑦ 작은 브랜드의 입지는 결국 브랜드가 얼마나 많은 사람들의 눈에 띄었는가에 있다. 따라서 론칭 초기에는 배너와 영상 광 고 위주로 최대한 많은 키워드에 광고를 넓게 돌려야 한다.

⑧ 경쟁 상품을 타깃으로 하는 광고를 할 때는 가장 유명한 브랜 드를 타깃으로 해야 한다. 작은 브랜드를 타깃으로 하면 아마 존 알고리즘이 같은 마이너 브랜드로 분류하기 때문에 브랜드 성장에 저해요소가 된다.

⑨ 아마존은 입고 형태의 FBA 판매 방식이 메인이기 때문에 '품 절 대란' 마케팅이 효과가 좋다. 이를 적극 활용하려면 론칭 초 기에 각 제품별 FBA 잔여 재고를 10개 미만으로 맞춰야 한다.

⑩ 아마존은 검색엔진으로 운영되는 마켓이기 때문에 상품 리스

팅을 할 때 최대한 많은 키워드를 포함시켜야 검색 결과 노출에 유리하다.

여기까지 읽으면서 잘못된 원칙이 몇 개나 된다고 생각했는가? 혹시 읽으면서 전부 헛소리라고 생각하지는 않았는가? 만약 그랬다면 아마존 진출을 준비하는 이들의 상위 5% 안에 드는 것이다. 사실 위의 10가지 원칙은 모두 잘못된 이야기다.

장점을 무기로 만들어라

앞서 언급했듯 모두를 위한 브랜드는 입지가 점점 줄어들고 있다. 작은 브랜드만의 무기가 없다면 결국 가격 경쟁의 치킨 게임으로 이어질 수밖에 없다. 글로벌 시장에서 인건비 부담이 상대적으로 적은 개발도상국의 제조사들과 가성비로 경쟁한다면 승산이 없다. 큰 브랜드의 초대량 생산 방식과 물량 공세가 합세하면 고래 싸움에 새우 등 터지는 격이다.

작은 브랜드의 장점은 고객의 취향과 선호에 따라 정밀한 대응이 가능하다는 것에 있다. 반면 몸집이 큰 메이저 브랜드들은 특정 고객군을 정밀 타기팅하는 싸움에서는 상대적으로 힘이 약해지기 때문에 잘 공략하지 않는다. 투자수익률ROI, Return On Investment이 안 나오기 때문이다. 차라리 나중에 그 브랜드가 어느 정도 성장하면 브랜드를 인수해서 대중적인 브랜드로 탈바꿈시키면서 이익을 챙기는 편이 유리하다.

K-뷰티 브랜드로 잘 알려진 닥터자르트는 글로벌 기업 에스티 로더에 인수되었고, 재미교포가 탄생시킨 K-푸드 브랜드 애니춘스 Annie Chun's는 CJ그룹에 인수되었다. 그 밖에도 입술 보습제로 유명한 버츠비Burt's Bee는 크로락스Clorox, 기능성 화장품으로 유명한 폴라 초이스Paula's Choice는 유니레버Unilever의 소유가 되었다. 유기농 시즈닝 제품으로 유명한 저스트 스파이스Just Spices는 크래프트 하인즈Kraft Heinz가 대주주로 바뀌었다. 지금 이런 브랜드 이름을 들으면 유명한 브랜드이기 때문에 글로벌 기업에서 인수한 것 아니냐 싶겠지만, 순서는 오히려 반대다. 글로벌 기업에 인수되어서 브랜드가 더 성장할 수 있었던 것이다.

글로벌 기업은 작지만 뚜렷한 입지를 확보한 브랜드를 인수해서 대대적인 마케팅 활동을 통해 대중적으로 입지를 확대함으로써 이익을 낸다. 우리는 대부분 이 단계에 익숙하다. 글로벌 기업이 브랜드를 대중적으로 안착시키는 확장 단계를 가장 흔하게 지켜봐 왔다. 그렇기 때문에 브랜딩이나 마케팅이라고 하면 머릿속으로 글로벌 기업의 확장형 마케팅 활동을 가장 먼저 떠올린다. 작은 브랜드가 초기에 작은 입지를 만드는 과정은 거의 본 적이 없기 때문에 알기가 어렵다. 우리는 작은 브랜드가 글로벌 기업에 인수되기 이전에 소비자와 어떻게 소통했는지를 주목해야 한다.

브랜드 메시지를 효과적으로 전달하는 방법

소비자와의 소통은 대부분 일방향이다. 우리가 아마존에 올리는 리스팅 제품설명부터 배너 광고, SNS 콘텐츠 모두 일방향 소통이다. 판매자 입장에서는 다양한 곳에 올리기 때문에 소통을 많이 하는 것처럼 느껴질 수 있다. 하지만 소비자 입장에서는 그렇지 않다. 워낙 미디어 소음이 많은 시대에 살다 보니 소비자에게 접근하는 브랜드는 무수히 많다. 하루에도 수십 개의 광고가 소비자의 눈길 한번 잡아보려고 애를 쓴다. 그러니 판매자가 소비자와 소통할 때는 '소비자는 일단 관심이 없고 정말 바쁘다'라는 사실을 전제해야 한다.

수많은 광고로 정신이 없는 소비자의 이목을 잠깐이라도 집중시키고 싶다면 두 가지만 기억하라. 첫째, 전달하는 메시지가 간단해야 한다. 둘째, 간단한 메시지를 다양한 채널에 반복한다. 다만 반복할 때는 광고에 대한 피로도가 쌓이는 것을 방지하기 위해 메시지를 뒷받침하는 근거를 다르게 잡거나 스토리텔링 방식에 차이를 두어야 한다. 이때 소비자가 흥미를 느끼고 광고에 참여하도록 만든다면 더할 나위 없이 좋다.

햄버거 시장에서 이를 독특하게 실천하고 있는 회사가 바로 버거킹이다. 버거킹은 1등 기업인 맥도날드를 상대로 초기부터 재치 있는 TV 광고를 통해 소비자의 이목을 집중시켰다. 가령 맥도날드 매장 180미터 반경에서 버거킹 모바일앱으로 주문하면 1센트를 주거나 맥도날드 옥외 광고를 휴대전화로 촬영하면 맥도날드 광고가 불

■ 맥도날드 광고에 휴대전화를 가져다 대면 맥도날드 광고가 불에 타고 버거킹 광고가 보인다.

에 휩싸이는 AR을 선보이는 등 독특한 캠페인으로 시장을 공략했다.

특히 2020년에는 방부제 없는 버거를 강조하기 위해 의도적으로 곰팡이가 핀 버거를 보여주는 역발상 광고를 선보였는데 매우 참신하다는 평가를 받았다.

물론 모든 브랜드가 버거킹의 마케팅을 적용하기는 어렵겠지만 전략의 본질은 파악할 수 있다. 바로 반복과 변화다. 브랜드가 내세우는 핵심 메시지를 반복해서 주장하고, 그를 뒷받침하는 근거 내용이나 풀어주는 전달 방식에서 변화를 주는 것이다. 이런 전략을 염두에 두고 제품과 연관 있는 카테고리별 베스트셀러의 마케팅 사례

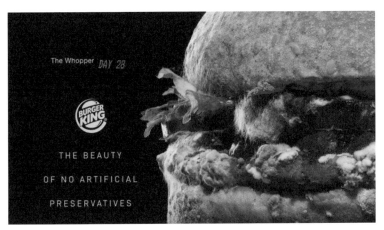

THE BEAUTY
OF NO ARTIFICIAL
PRESERVATIVES

■ 햄버거가 건강에 좋지 않다는 인식을 깨기 위해 인공방부제를 넣지 않았음을 보여주는 버거킹 광고

를 벤치마킹하다 보면 광고 콘텐츠를 기획하는 데 큰 도움이 된다. 예를 들어 남성 운동복을 만드는 회사라면 헬스 보충제 브랜드를 참고해 보는 식으로 말이다. 이런 점에서 아마존은 베스트셀러의 좋은 사례가 한곳에 모여 있는 더할 나위 없이 좋은 레퍼런스의 집약체라 할 수 있다.

작은 브랜드의 광고 전략

다수의 기업을 대상으로 동시 교육하거나 컨설팅을 진행하다 보면 어떻게 광고 전략을 세워야 하는지 자주 질문을 받는다. 지금은 어떤 식으로 광고를 하냐고 되물으면 놀랍게도 많은 기업이 아마존에 판매하는 제품이라서 바로 아마존 광고를 집행한다고 말한다.

"아마존에 파는 거니까 거기서 광고를 해야 제일 효과가 좋은 거 아닌가요?"

항상 그렇지는 않다. 더 엄밀히 말하면 그런 경우가 오히려 많지 않다. 아마존 진출에 획일화된 마케팅 전략이 있다고 생각하는 사람들이 많은데, 사실 아마존은 플랫폼일 뿐이다. 그 안에 워낙 다양한 소비자들이 있기 때문에 다양한 사람들이 모인 종합시장이라고 봐야 한다. 판매하는 온라인 형태는 동일하더라도 타깃 고객에 따라 움직이는 마케팅 방식을 찾아야 한다. 아마존에서 무조건 통하는 성공 공식이 따로 있는 건 아니다.

광고의 종류와 효과적인 플랫폼

디지털 광고의 종류는 크게 네 가지다. 첫 번째는 '디스플레이 광고'다. 가장 오래된 광고 형태로 웹사이트 또는 모바일앱에서 보여지는 광고다. 배너 광고, 스크롤 광고, 영상 광고가 여기에 속한다. 이런 류의 광고는 폭넓게 많은 사람들에게 광고를 노출시킬 수 있어서 전달되는 범위가 넓다. 반면 광고가 공략하는 범위가 넓다 보니 정확성을 요구하는 타깃형 광고로는 적합하지 않다. 소비자의 이목을 끌기가 어렵고 노출되는 시간도 상대적으로 짧아 소비자들의 머릿속에 오래 기억되는 데 한계가 있다. 그리고 소비자가 광고를 클릭하지 않는 이상 누가 봤는지 추적하기가 어렵다. 배너 광고의 대표적인 예로는 네이버 메인 화면의 배너 광고가 있다.

두 번째는 '검색 광고'다. 검색엔진에서 검색을 했을 때 검색 결과로 노출되는 내용 중에 광고가 포함되어 있다. 아마존, 쿠팡, 네이버, 구글 등 검색엔진으로 구동되는 플랫폼은 모두 이런 검색 광고를 포함하고 있다. 디스플레이형 광고와는 반대로 높은 정확도가 장점이다. 불필요하게 광고를 노출하기보다는 특정 검색어로 검색하는 소비자들에게 광고를 보여주는 방식이다. 특정 검색어를 검색한다는 것은 이미 구매할 준비가 되어있다는 뜻이기도 해 광고 효율이 디스플레이 광고보다 좋은 편이다. 단, 광고 효율이 좋다 보니 광고 입찰 경쟁이 높다는 것이 단점이다. 동일한 검색어에 광고를 하고 싶어 하는 경쟁자가 많고, 이런 경쟁이 광고의 단가 상승 요인으로 작용

된다. 그러다 보니 효율은 좋으면서 경쟁은 덜 치열한 세부 키워드를 찾고, 광고 캠페인을 계속해서 최적화해 주는 등 디스플레이 광고에 비해 손이 많이 간다.

세 번째는 '타깃 광고', 즉 소비자 관심 기반의 광고다. 소비자가 온라인상에서 관심을 보였던 콘텐츠, 행동, 위치 등을 기반으로 광고가 노출되는 형태다. 검색 광고에서 한 단계 더 나아가 소비자가 검색하고 콘텐츠를 소비하는 흐름을 분석해서 광고를 노출시키는 형태의 광고다. 구글애즈도 이 형태에 속하며, 페이스북, 인스타그램, 유튜브 등의 SNS 광고도 같은 원리로 작동한다. 대부분의 쇼핑 앱도 소비자가 장바구니에 넣었던 물건, 비교했던 상품들을 토대로 리타기팅 광고를 노출한다.

네 번째는 '인플루언서 광고'다. 인플루언서 광고는 SNS 매체가 활발해지면서 생겨난 새로운 형태의 광고로, 적게는 수만에서 많게는 수십만 명의 팔로워를 보유한 인플루언서에게 돈이나 제품을 주고 이들이 보유한 플랫폼에 후기를 올리게 하는 방식으로 이루어 진다. 인플루언서도 여행, 패션, 뷰티, 푸드, IT, 리빙, 건강 등 고유 영역이 있고, 팔로워와 관심 분야에 대한 공감대 및 신뢰도가 형성되어 있기 때문에 광고하고자 하는 제품에 맞는 인플루언서에게 홍보할 때 파급력이 세진다. 또한 객관적인 정보보다 주변 사람들의 입소문에 영향을 많이 받는 제품군일수록 효과가 좋다.

광고의 종류와 특징에 대해 알아보았으니, 지금부터는 제품의 종류와 상황에 따라 어떤 광고를 선택해야 하는지 살펴보도록 하자.

제품의 특징이 확실할 땐, 검색 광고

검색 광고를 떠올려보자. 우리가 네이버나 쿠팡 검색창에 검색어를 넣을 때의 마음은 둘 중 하나다. '어차피 거기서 거기니까 그냥 처음 보이는 걸로 사야지' 또는 '어느 브랜드의 제품이 좋을까?'. 이 차이를 두고 마케팅에서는 '저관여 vs 고관여' 상품이라고 한다. '저관여 상품'이란 개인적인 관심도가 크지 않고 잘못 구매하더라도 큰 위험부담 없이 재구매할 수 있는 상품을 가리킨다. 쉽게 말해서 검색했을 때 제일 상단에 보이는 것으로 바로 구매하는 상품이다. 일회용품, 건전지, A4용지, 휴지 등이 대표적이다. 이런 상품은 검색 광고의 효과가 아주 탁월하다. 그리고 그만큼 검색 광고의 경쟁도 치열하다. 그래서 상품 설계와 가격 설정에서부터 아예 광고로 접근할 생각을 하고 검색 광고를 염두에 두어야 한다.

반대로 '고관여 상품'이란 소비자가 구매하는 과정에서 시간과 노력을 많이 들이는 상품을 말한다. 전자제품, 화장품, 유아용품, 건강식품 등이 대표적이다. (물론 개인의 관심도나 성격 특성에 따라 저관여 제품일 수도 있다.)

예를 들어 20대 초반 남성이 유튜브 촬영용으로 소형 카메라를 구매하려 한다고 가정해 보자. 그는 네이버나 쿠팡에서 '카메라'라고 검색해서 가장 상단에 나오는 광고 상품을 눌러볼 것이다. 하지만 구매로 이어질 확률은 현저히 낮다. 왜냐면 지금은 '조사 단계'에 있기 때문이다. 어떤 상품을 사야 할지, 무엇을 보고 결정해야 할지, 어떤 브랜드의 후기가 좋은지 등을 알아봐야 '제품 선정'이 가능하다. 고심 끝에 어떤 브랜드의 어느 기종을 구매할지 결정하고 나면 그제야 모델명으로 다시 검색하면서 최저가를 찾아 구매한다. 그만큼 소비자의 관여도가 높다.

고관여 상품의 쇼핑 기간은 조사부터 결정과 구매까지 짧게는 몇 시간, 길게는 수개월 이상 걸리기도 한다. 소비자는 필요한 상품을 조사할 때 구매 사이트부터 유튜브 후기, SNS, 블로그 리뷰 등을 두루두루 챙겨본다. 그래서 고관여 상품의 경우 검색 광고를 이커머스 채널(쿠팡, 네이버쇼핑, 아마존)에 하는 것보다 콘텐츠 채널(네이버, 구글, 유튜브, SNS 등)에 하는 것이 더 효과적이다. 물론 제품의 모델명이나 브랜드명을 검색했을 때 검색창 상단에 노출되도록 이커머스 채널에 검색 광고를 동시에 진행하는 것이 더 좋다. 하지만 '카메라'처럼 대표적이면서 검색의 폭이 넓은 키워드에 대해서는 굳이 광고비를 낭비할 필요가 없다.

아마존은 검색 광고Amazon Sponsored Products Ads의 효과를 일주일로 잡고 추적한다. 소비자가 검색 광고를 클릭한 날로부터 일주일 이내에 구매한 경우에만 그 검색 광고를 통해서 구입했다고 보는 것이다. 광고 경쟁이 심한 경우에는 검색 광고의 타율(구매전환율)이 해당 광고가 더 많은 타석(광고 노출)을 밟을 수 있을지 결정하는 큰 요소로 작용하기 때문에 잘 안 팔리는 광고일수록 입찰가는 높아지면서 광고 효율은 나빠지는 구조다. 따라서 매출로 이어지지 않는 검색 광고를 계속 붙잡고 입찰가만 올리는 것은 무모한 짓이다.

사례를 통해 자세히 알아보도록 하자. 화장품 회사인 D사는 중년 여성을 위한 주름 개선 크림을 아마존에서 판매하기로 했다. 이미 국내에서는 50~60대 사이에서 없어서 못 파는 제품이었고 우수한 원료에 가격도 합리적이라 D사는 자신이 있었다. 미국 중년 여성의 마음을 사로잡기 위해 아마존에 공격적으로 광고를 게시했다. 하지만 출시 직후 판매페이지 방문자Session 수가 생각보다 적어서 불만족스러웠다. D사는 고민 끝에 'Women Skincare' 'K-beauty' 등의 비싼 키워드를 검색 광고에 추가했다. 큰마음 먹고 비싼 키워드까지 추가했는데 며칠이 지나도 해당 키워드로는 광고가 거의 돌아가지 않았다. 조급한 나머지 D사는 입찰가를 계속 올렸다. 광고가 경매 방식이다 보니 입찰가를 올린 날에는 검색 광고가 노출되면서 클릭 수가 확 올라가는데, 구매 건수는 거의 제자리였다. 그리고 다음 날이면 다시 광고가 작동하지 않았고, 판매페이지 방문자 수도 급격히 떨어졌다. D사는 경쟁자들이 입찰가를 또 올렸구나 싶어서 입찰가를 다시 올렸고, 이 과정이 반복되면서 클릭당 비용CPC, Cost Per Click은 8달러까지 치솟았다. 39달러짜리 상품에 클릭당 광고비가 8달러라니, 클릭하는 사람 5명당 1명이 구매한다고 해도 엄청난 적자의 광고였다. 참고로 5명당 1명이면 구매전환율 20%인데, 현실적으로는 불가능에 가까운 수치다.

광고비 출혈이 심해진 D사 대표는 한탄했다.

'아마존은 광고비만 쏙 뽑아 먹는구나. 광고주인 내가 아마존에 돈을 얼마나 썼는데!'

과연 그럴까? 아마존의 입장에서 생각해 볼 필요가 있다. 광고는 마진율이 좋다 보니 큰손 광고주가 좋을 수 있다. 하지만 아마존 입장에서는 광고비만 팍팍 쓰는 광고주보다 광고비는 조금 덜 쓰지만 인기 있는 상품을 판매하는 광고주가 더 좋다. 왜냐면 그 광고주는 광고비도 쓰고 판매수수료와 배송료까지 지불하기 때문이다. 그리고 상품이 잘 팔린다는 건 고객들이 만족했다는 의미이기 때문에 사이트 관리 측면으로도 좋다. 그러니 아마존에서는 광고비를 올려서 받을 이유가 없다는 뜻이다.

구매 고객이 명확할 땐, 타깃 광고

아마존의 타깃 광고 시스템은 목표물로 삼는 경쟁 제품의 하단부만 집중적으로 공략할 수 있다. 그러면 광고가 다른 데는 표시되지 않고 공략하는 경쟁 제품 밑에만 노출된다. 타깃 광고는 경쟁 제품이 브랜드 제품으로서는 유명하지만 가격 측면에서 내 제품이 더 유리한 경우 사용할 수 있다. 경쟁 제품이 인지도가 있어 트래픽은 몰리지만 브랜드 가격 때문에 구매를 망설이는 잠재 고객들을 내 제품으로 끌어들이는 전략이다. 소비자의 입장에서 생각해 보자. 무선 청소기를 구매하기 위해 검색창에 '무선 청소기'를 검색하니 첫 번째로 다이슨 청소기가 보인다. 다이슨 브랜드의 명성을 익히 알고 있었기에 클릭해 보았더니 가격이 무려 604달러다.

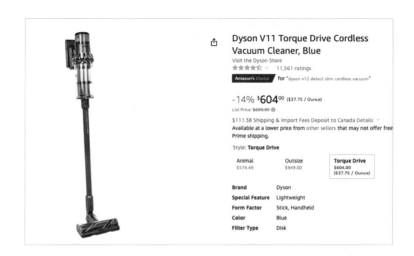

생각보다 비싼 가격에 놀라고 있을 때, 하단에 있는 다른 제품이 눈에 들어온다.

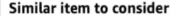

비슷한 사양의 무선 청소기가 5분의 1 가격인 119.98달러에 판매되고 있다. 어떤가? 한번 클릭해 보고 싶지 않은가? 이것이 타깃 광고를 하는 이유다.

'소비자 교육'이 필요한 신제품일 땐, 디스플레이 광고

만약 판매하려는 제품이 새로운 콘셉트의 제품이라면 앞서 소개한 검색 광고나 타깃 광고는 초반에 적합하지 않다. 소비자가 제품을 모르기 때문에 검색이 거의 없을 테고 새로운 콘셉트의 제품이라서 경쟁 제품도 없기 때문이다. 만약 아마존에 디스플레이 광고를 한다고 해도 효과는 미비할 것이다. 왜냐하면 아마존과 같은 쇼핑몰을 방문하는 소비자는 '○○○을 구매할 것이다'라는 목적을 가지고 들어오기 때문이다. 쇼핑몰에서 특정 제품을 검색하거나 특정 제품군에서 내가 원하는 스펙의 제품을 찾기 바빠서 새로운 콘셉트의 제품까지 신경 쓸 여력이 없다.

그렇기 때문에 새로운 콘셉트의 제품을 론칭하는 경우 소비자 교육이 우선적으로 필요하다. 다양한 곳에서 제품을 전방위에 알려야 하는데, 이때는 아마존과 같은 검색엔진이 아니라, 불특정 다수를 대상으로 다양한 정보를 전달하는 대중 매체, 또는 사용자 성향을 분석해 취향에 맞는 콘텐츠를 추천하는 SNS 플랫폼에서 진행해야 한다. 검색엔진에서 하는 디스플레이 광고와는 접근이 다르다. SNS에서 광고를 접한 소비자는 '이런 제품이 있네?' 하면서 열린 마음으로 바라본다. 다만 디스플레이 광고를 하는 제품들이 무수히 많기 때문에 그 가운데서 확실히 제품을 어필할 전략이 반드시 있어야 한다. 단순 스펙을 나열하는 것이 아니라, 흥미를 유발하고 시선을 잡아둘 수 있는 기획이 디스플레이 광고에서는 매우 중요하다.

생소한 콘셉트의 제품을 재치 있게 풀어낸 스쿼티 포티^{Squatty Potty}를 예로 들어보자. 스쿼티 포티는 변기 의자(받침대)를 판매하는 브랜드다. 이 제품은 변기에 앉을 때 발의 각도를 높여 배변을 용이하게 하는 콘셉트의 제품이다. 초기 이 제품의 성장은 더뎠다. 카테고리 자체에서 오는 거부감이 있고, 이러한 콘셉트의 제품을 마케팅으로 소개하는 것은 더더욱 쉽지 않기 때문이다. 만약 검색엔진에서 디스플레이 광고나 검색 광고 등으로 마케팅을 계속했다면 성공하기 어려웠을 것이다. 'Toilet stool'이라는 생소한 키워드는 검색량이 거의 없기 때문이다. 변기 의자와 같은 새로운 제품은 우선적으로 콘텐츠를 통해 소비자에게 알리는 단계가 필요하다. 이 제품이 무엇인지, 어떤 필요에 의해 탄생했는지, 어떤 문제점을 해결해 주는지 등을 어필해야 한다.

스쿼티 포티는 홍보하기 난감한 주제를 코믹함으로 풀어내기로 했다. 일단 소비자의 시선을 사로잡기 위함이었다. 광고에 무지개 똥을 싸는 유니콘을 등장시키고 원활한 배변 활동에 변기 의자가 왜 필요한지 유쾌하고 재미있게 설명했다. 광고의 반응은 폭발적이었다. 2분 50초가 넘는 꽤 긴 영상임에도 유튜브 조회수가 4천만 뷰를 넘었다. 브랜드의 인지도와 판매량이 늘어난 것은 당연한 일이다.

론칭 초기에는 브랜드와 상품 사용성을 알리는 소셜 콘텐츠에 의존하지만, 소비자들에게 입소문이 나기 시작하면 아마존에서 브랜드명 검색량이 자연적으로 늘어나게 된다. 유튜브 영상을 봤던 사람들이 아마존에 스쿼티 포티를 검색해 보기 때문이다. 이때 아마

■ 유니콘을 내세워 유쾌하고 친근한 콘셉트의 광고를 선보인 스쿼티 포티

존 페이지로 유입되는 소비자들을 경쟁사에 뺏기지 않기 위해, 스쿼티 포티는 자사 브랜드명과 제품명을 검색했을 때 노출되는 디스플레이형 광고 자리를 전부 잡아두었다. 혹여나 클릭 단위로 과금되는 키워드 방식PPC, Pay Per Click으로 인해 광고비 지출이 커지지 않을까 하는 걱정은 하지 않아도 된다. 유튜브 영상에 투자한 비용을 고려했을 때 여기서 소비자를 경쟁사에게 뺏기는 것이 훨씬 더 손해이기 때문이다. 그리고 여유가 된다면 자사 상품을 타깃으로 상품 타깃 광고도 집행한다. 역시 방어 목적이다. 어차피 방어 목적의 광고에 드는 비용은 전체 마케팅 예산에서 10%도 안 될 것이다. 나머지 90% 이상은 유쾌한 콘텐츠를 기획, 제작해서 전파시키는 과정에 쏟아야 한다. 광고비에 정비례한 매출 성장이 아니라 광고비 비중이 점차 줄면서 매출은 계속 늘어나는 상황을 만들기 위한 목적이니 너무 조급한 마음을 갖지 않아야 한다.

아마존 베스트셀러의 마케팅 법칙

팬덤의 힘이 필요할 땐, 인플루언서 광고

인플루언서 광고는 어떤 상품에 가장 효과적일까? 최첨단 큐브를 판매하기 위해 검색 광고를 한다고 가정해 보자. 쇼핑몰에 '큐브'를 검색하는 소비자는 머릿속에 어느 정도 상품의 특징과 적정 가격 구간을 가지고 있다. 소비자가 생각했던 것과 거리가 먼 상품의 결과가 나타나면 그냥 지나치거나 호기심에 클릭하더라도 구매로 이어지기 어렵다. 예를 들어 어린 자녀의 두뇌 발달을 위해 큐브를 구입하려고 아마존에 들어가서 큐브를 검색했다고 하자. 대략 4~5달러의 큐브를 예상하고 검색 결과를 봤는데 200달러 가까이 하는 스마트 로봇 큐브가 있다면 어떨까? 궁금해서 클릭해 보니 자동으로 섞는 기능도 있고 인공지능으로 큐브 맞추는 방법을 학습시키는 기능도 있다. 놀랍긴 하지만 큐브를 시작하는 단계인 어린 자녀에게 사주기에는 과하다는 생각에 '뒤로 가기' 버튼을 누를 것이다. 세일즈맨이 앞에서 읽어주고 설명해 줘도 살까 말까인데, 40배 높은 가격을 지불하기에는 사진과 텍스트 위주의 제품설명만으로는 부족함이 있다. 그만큼 검색엔진으로 운영되는 오픈마켓 특성상 아이디어 상품이나 동일 상품군에 비해 높은 가격으로 판매하는 신규 브랜드 제품의 경우 불리한 점이 많다.

그럼 아마존 내의 배너 광고, 영상 광고 등의 디스플레이형 광고는 어떨까? 여기도 마찬가지다. 광고 효율이 나오기 어렵다. 물론 제품 판매가가 높으면 어느 정도 광고판매비용ACOS, Advertising Cost of Sale

은 보장되겠지만 최소한의 비용으로 최대한의 효과를 낸다고 보기는 어렵다. 그렇다면 최첨단 큐브 제품의 경우는 어떤 식으로 마케팅해야 할까?

전 세계적으로 큐브시장은 토너먼트와 같은 세계대회도 있다 보니 마니아층이 존재한다. 그중에는 유튜브 채널을 운영하는 이들도 있다. 이들에게 고가의 AI 로봇 큐브를 선물하고 광고 영상을 제안하는 것이다. 유튜브 콘텐츠를 고민하는 이들에게 신기한 AI 로봇 큐브를 제공해 일을 덜어주기 때문에 그들에게도 이득이다.

인플루언서 광고를 할 때는 무턱대고 '이러이러한 영상을 만들어서 올려주세요'라고 하면 안 된다. 팔로워가 많은 인플루언서일수록 높은 확률로 자체 기획하는 경우가 많다. 인플루언서 입장에서는 콘텐츠 퀄리티와 팔로워의 반응을 가장 우선으로 생각하기 때문에, 아무리 금전적인 보상이 중요하다고 해도 단기적으로 돈만 보고 유료 광고를 마구 받지 않는다. 그렇기 때문에 채널의 히스토리를 미리 살펴보고, 기존에 해오던 콘텐츠의 색깔을 훼손하지 않는 범위에서 광고 영상을 제안하고 협의해야 한다.

인플루언서 광고를 통해 최첨단 큐브를 아마존을 비롯한 다수의 전문몰에 성공적으로 입점한 브랜드가 엑스마스Ex-mars라는 브랜드다. 몇 안 되는 소수의 인원으로 최대의 효율을 뽑아낸 국내 기업이다. 유튜브에 쇼츠가 나오던 초기에 인플루언서가 영상이 아닌 쇼츠로 제품을 올려서 처음에는 실망했지만, 오히려 쇼츠의 파급력이 좋아서 결과는 성공적이었다.

그 외에도 엑스마스는 여러 큐브 전문 인플루언서를 섭외해 아마존 어트리뷰션Amazon Attribution 링크를 영상 밑에 삽입하는 조건으로 유료 광고를 의뢰했다. (아마존 어트리뷰션이란 외부 마케팅 채널이 아마존에서 어떻게 수행되는지에 대한 인사이트를 제공하는 광고 및 분석 측정 솔루션을 말한다.) 유튜브에서 얻은 트래픽을 아마존 판매페이지로 바로 보내서 아마존 매출도 금세 올라갔다. 하지만 유입된 트래픽 중에 얼마큼이 유튜브를 통해서 들어왔는지, 어떤 영상이 효과 있는지 알수 없어 아쉬웠다. 아마존 어트리뷰션 기능으로 각 유튜브 영상마다 개별 링크로 관리하면 확인할 수 있는 부분이지만 '유튜브 영상을 본 사람이 영상 밑에 달린 제품 구매 링크를 클릭한 결과'만 알 수 있다는 한계가 있다. 유튜브 영상을 보고 아마존에 직접 상품명이나 브랜드명을 검색한 경우는 추적이 불가능하다. 그러다 보니 여러 건의 광고를 동시 진행하는 경우 어떤 광고 영상이 매출에 가장 도움이 되는지 판단하기 어렵다.

유튜브 영상을 보면 우측에 추천 영상이 있다. 그리고 영상 끝부분에도 추천 영상이 뜬다. 영상을 계속해서 보게 만드는 알고리즘이다. 이런 파도타기 과정에 발동을 거는 첫 번째 영상이 가장 중요하다. 이 영상이 유튜브상에서는 가장 노출 범위가 넓다는 뜻이다. 그다음으로 중요한 영상은 유튜브 영상 끝에 붙는 영상이다. 이 영상의 조회수와 제품설명 조회수를 비교해 보면 유튜브에서 판매페이지로 얼마나 넘어왔는지 알 수 있고, 그 결과에 따라 영상의 개선 여부를 판단할 수 있다. 만약 판매페이지로 넘어오는 비율은 높은데 구매로 이어지지 않는다면 판매페이지상에 문제가 있다는 뜻이니 그 부분을 개선해야 한다.

이런 과정을 통해 같은 유튜브 영상이라도 어떤 영상이 더 마케팅 효과가 좋은지, 유료 광고의 경우 투자한 비용 대비 효과가 나오는지, 안 나온다면 어느 구간이 문제인지 진단하고 개선하면서 광고를 진행해야 한다.

작은 브랜드가
가장 많이 하는 실수

아마존은 검색창을 중심으로 작동하는 검색형 플랫폼이다. 소비자들이 아마존을 찾게 되는 시점의 생각 흐름thought process을 살펴보자. 대부분은 '우리 집에 세제가 다 떨어져서 주문해야겠다' '휴대폰 충전기가 고장났는데 하나 새로 사야지'처럼 어떤 특정 상품을 구매해야 한다는 의사가 분명하게 섰을 때 아마존을 방문한다. 그러고는 아마존 검색창에 바로 필요한 물건을 검색하고 고르기 시작한다. 구매라는 뚜렷한 '목적성'을 가지고 들어오기 때문에 실제 구매로 이어지는 확률(구매전환율)은 오프라인 쇼핑몰에 비해서 월등히 높은 편이다.

반면 목적 외 구매가 발생할 확률은 적다. 백화점이나 마트처럼 오프라인 쇼핑은 '구경이나 하러 갈까' 하는 마음으로 가서 생각지도 않던 물건을 '발견'하고 충동 구매하는 경우가 생긴다. 특히 매장 내에서 행사를 하거나 진열에 조금만 신경을 쓴다면 불특정 다수의 소비자에게 제품을 선보일 기회가 생긴다. 하지만 온라인의 경우에는 검색창이 앞에서 버티고 있기 때문에 밑으로 무수히 많은 상품이 있어도 소비자의 눈길 한번 받는 것이 확률적으로 매우 어렵다.

쇼핑몰에서 아이디어 상품을?

만약 남성 전용 물티슈를 판매한다고 가정해 보자. 검색 광고를 진행해 상단에 노출한다고 해도 아마존에서 '물티슈'를 검색하는 사람들은 대부분 유아용 물티슈를 기대하고 검색하기 때문에 구매로 이어질 가능성이 적다. 정작 타깃 고객인 '남성'은 물티슈의 존재 자체를 알지 못한다. '남성 전용 물티슈'라는 기존에 없던 상품(소비자 입장에서 머릿속에 없는 상품)을 판매할 때는 타깃 고객에게 상품의 필요성에 대한 '소비자 교육'이 수반되어야 한다. 남성들이 물티슈를 왜 써야만 하는지, 그리고 왜 유아용 물티슈가 아닌 남성용 물티슈를 써야 하는지 남성들을 설득해야 하기 때문에 검색형 채널(쇼핑몰)로 홍보하는 것은 한계가 있다.

그렇다면 타깃 고객에게 맞춤 광고를 하는 것은 어떨까? 아마존 내에서 다른 상품군을 쇼핑하고 있는 젊은 남성에게 맞춤 광고를 하는 것도 승산이 낮다. 예를 들어 물티슈와 관련성이 높은 상품을 검색한 젊은 남성에게 맞춤 광고를 한다고 가정해 보자. 유사 카테고리인 비데, 두루마리 휴지, 휴대용 티슈, 속옷, 입욕제 등을 검색하는 젊은 남성에게 광고를 노출할 수 있으나 이러한 상품들이 남성 전용 물티슈로 완벽히 대체되는 상품들은 아니다. 목적성을 갖고 들어오는 쇼핑몰인만큼 아마존에서 쇼핑을 하고 있는 사람들에게 새로운 상품을 보여주면서 정보를 제공하기란 정말 어렵고, 그 정보의 노출 기회와 효과에 비해 광고비가 비싼 편이기 때문이다.

자사몰에서 제품 광고를?

그렇다면 제품 광고를 어디서 어떻게 해야 효과적일까? 사람들은 가장 먼저 자사몰(자체 쇼핑몰)을 떠올릴 것이다. 사람들이 가장 많이 착각하는 부분이 바로 자사몰이라고도 불리는 브랜드 사이트의 역할이다. 자사몰에서 홍보와 판매를 동시에 할 수 있다고 생각하는 것이다. 하지만 자사몰의 역할은 온라인 홍보보다 주문과 결제를 받아내는 페이지에 훨씬 더 많이 쓰인다. 왜 그럴까? 자사몰에 들어온 소비자라면 브랜드에 대해서 이미 알고 있고 구매하는 쪽으로 마음이 기울어 있는 상태에서 들어오는 경우가 대부분이다. 온라인 사이트의 특성상 자사몰은 사이트에 방문한 사람을 상대로 홍보를 한다. 그런데 방문하는 사람들은 이미 다 고객들이다. 어항에 잡힌 물고기에게 미끼를 계속 주고 있는 것과 다름없다.

자사몰을 구글과 같은 검색엔진에 띄워서 홍보하기 위한 수단으로 사용하는 사람들도 있다. 하지만 새로 만든 자사몰을 구글 검색 결과 상위에 나타나도록 하는 것은 밑 빠진 독에 물 붓는 일이다. 어떤 검색형 플랫폼이든 검색하는 사람들이 기대하는 결과에 초점이 맞춰져 있고, 검색엔진은 실제로 검색한 내용 중에 가장 오랜 시간 체류하는(읽어보는) 페이지가 검색 키워드와 관련성이 높은 것으로 판단한다. 이를 통해 검색 결과 랭킹이 결정되는 것이 기본적인 알고리즘이다.

검색형 플랫폼은 절대로 소비자에게 의외의 결과를 노출하지 않는다. 평소 육아용품을 자주 검색하는 주부가 물티슈를 검색했을 때 남성 전용 물티슈가 상단에 뜨는 일은 발생하지 않는다는 말이다. 소비자가 기대하는 검색 결과를 주는 것이 검색엔진의 역할이다. 구글과 아마존 같은 검색엔진에는 수만 명의 소프트웨어 엔지니어들이 달라붙어서 검색의 정확도와 속도를 높이는 데 총력을 기울인다. 마케팅 수법으로 검색 결과 상위에 판매할 제품을 노출시키기 위한 수법을 셀 수 없이 많이 봤을 것이다. 그러나 검색엔진도 나날이 더 정교해지고 있다. 검색 플랫폼의 순리를 거슬러서 마케팅하려는 것은 시간 낭비밖에 안 된다.

가장 저렴할 수 없다면
비싼 이유를 납득시켜라

만약 30만 원대의 토스터를 팔려면 어떻게 해야 할까? 할인을 한다고 해도 저렴한 토스터는 5만 원선에서도 구입할 수 있어 가격 경쟁으로는 쉽지 않다. 이 문제를 해결해 낸 브랜드가 바로 발뮤다 BALMUDA다. 발뮤다는 '동양의 애플'이라는 별명까지 가지고 있는데, 비결은 바로 디자인 철학에 있다. 일단 발뮤다 제품은 상당히 아름답다. 최근 가전 구매 트렌드가 변화하면서 홈 인테리어 디자인에 대한 관심이 높아졌는데, 이에 맞게 가전제품으로서 실내에서의 조화를 중요시한 것이다. 또한 발뮤다는 '최소에서 최대'를 끌어내려 한다. 불필요한 요소를 최대한 제거함과 동시에 최대 효과를 제공하겠다는 것이다. 실제로 발뮤다 토스터의 외관을 보면 군더더기 없는 프레임과 마감, 색감의 통일성 등을 통해 주변 분위기와 조화롭게 어울린다는 것을 알 수 있다.

■ 예쁜 디자인으로 유명한 발뮤다 가전제품

발뮤다의 디자인은 단지 심미적인 부분에 그치지 않는다. 디자
인의 기능적인 면에서도 차별화했기 때문에 소비자의 마음을 움직
일 수 있었다. 실제 발뮤다 토스터는 빵을 데우는 기능만 제공하지
않는다. 제품에 물을 공급하면 스팀을 통해 빵을 데울 수 있는데, 이
스팀이 빵을 촉촉하게 만들고, 실제 '죽은 빵도 되살린다'는 평가를
받을 정도로 성능이 우수하다. 뿐만 아니라 토스트 모드를 다양화해
바게트, 크루아상과 같은 빵도 적합하게 데울 수 있도록 했다. 이 덕
분에 일반 토스터보다 식감이 좋게 조리될 수 있다. 뿐만 아니라 다
이얼로 간편하게 조리할 수 있어 조작법도 간단하다.

이처럼 심미성과 기능성을 모두 갖춘 디자인은 소비자에게 새로
운 경험을 줄 수 있다. 눈으로 보는 것에서부터 제품을 사용하고 맛
을 음미하기까지의 과정을 즐거운 경험으로 만들어낸 것이다.

발뮤다의 제품이 비쌀 수 있는 이유가 바로 여기에 있다. 단순히
제품을 파는 것이 아닌 오감을 만족시키는 경험을 제공하기 때문이

■ 다이얼로 간편하게 조리할 수 있는 발뮤다 토스터

다. 모든 사람들이 저렴한 5만 원짜리 토스터를 선호하는 것은 아니다. 30만 원짜리 토스터가 주는 새로운 가치와 디자인 경험을 높게 사는 사람들도 분명히 존재한다. 이러한 소비자를 정확히 겨냥한 발뮤다는 매출액 약 1,300억 원을 달성한 프리미엄 가전 기업으로 자리 잡았다.

발뮤다는 독특한 디자인 철학을 차별화 전략을 앞세워 가격을 합리화한 케이스라고 볼 수 있다. 이처럼 가격이 비교적 비싼 제품의 경우 이를 충당할 만한 다른 가치를 내세워야 한다. 쉽게 말해 소비자가 지갑을 열 만한 특별함이 있어야 한다는 것이다. 여기서 차별화가 어려워 할인과 프로모션을 통해 가격을 일시적으로 내리는 것은 바람직하지 않다. 할인을 통해 끌어들인 소비자들은 다른 경쟁 브랜드가 할인을 하거나 더 저렴한 상품이 출시되면 바로 이탈하기 때문이다. 이러한 소비자들은 하이엔드 제품에 장기적으로 도움이 되지 못한다. 중요한 것은 품질과 브랜드를 보는 소비자들을 납득시키는 것이다. 발뮤다는 이를 알기에 자사 제품을 할인해서 팔지 않는다. 브랜드의 디자인 철학과 상품의 장점을 이해하는 고객을 목표로 삼았기 때문이다.

LTV가 높으면
장수 브랜드가 된다

단골 고객을 늘리는 것은 안정적인 매출을 만드는 역할을 하기 때문에 중요하다. 이런 단골 고객을 확보하고 유지하는 데 중요하게 따져봐야 하는 지표들이 있다. 먼저 고객을 획득하는 비용을 계산해 봐야 하는데 이를 CAC^{Customer Acquisition Cost}라고 부른다. 한 명의 고객을 확보하는 데 소요되는 마케팅 비용을 말한다. 이는 전체 마케팅 비용을 확보한 고객의 수로 나눠보면 계산할 수 있다.

그럼 확보한 한 명의 고객이 얼만큼의 매출을 가져다 주는지도 봐야 한다. 제품을 얼마의 주기로 재구매하거나 추가 구매하는지 합계를 낸 가치를 LTV^{Life Time Value}라고 한다. 이 두 가지 지표만 놓고 봤을 때 LTV가 당연히 CAC보다 높아야만 회사가 이익을 남길 수 있다. 예측을 할 수 있는 지표는 아니기 때문에 실제로 마케팅 비용을 투입하고 판매하면서 이 두 가지 지표가 개선되고 있는지, 어떤 마케팅 변화에 판매가 상승하고 있는지 봐야 한다. 그리고 이를 토대로 신제품 개발과 출시가 같이 움직여야 한다.

여기서 게이트웨이 상품Gateway product이라는 개념이 중요하게 적용된다. 소비자가 브랜드에서 가장 먼저 접하는 상품이 어떤 것인지 전략적으로 선정하는 것이다. 이 제품을 통해서 브랜드의 다른 제품들까지 좋아하도록 만들어 전체적인 LTV를 늘려가는 전략이다. 이를 굉장히 잘 활용하는 상품군이 뷰티 업계다. 비교적 저렴하면서 손쉽게 파고들 수 있는 상품으로 침투한 다음에 사용 경험을 바탕으로 브랜드 신뢰도를 쌓아서 다음 제품으로 소비를 연동하는 방법이다. 켄달 제너와 콜라보를 진행한 문 오럴 케어Moon Oral Care는 게이트웨이 상품으로 치아 미백용 펜과 치약을 출시했다. 그러고는 전동칫솔과 미백기기로 브랜드 라인업을 확대했다. 남성용 퍼스널 케어 브랜드로 유명한 말로Marlowe도 브랜드 초기에는 고체 비누로 시작하여 헤어 제품, 쉐이빙 제품에 이어 향초까지 출시하면서 LTV를 늘리고 있다.

게이트웨이 상품으로 한번 연이 닿은 고객과 꾸준히 소통을 이어나가면서 다른 상품까지 사용해 보도록 유도하는 데 가장 중요한 것은 타이밍이다. 게이트웨이 상품을 구매한 시점으로부터 한 달 내에 추가 구매를 유도하는 시도가 들어가야 한다. 그 이상으로 시간이 길어지면 첫 번째 소비경험에 대한 기억이 흐려지기 때문에 구매설득을 하는 데 한계가 있다. 이커머스에서 가장 많이 활용하는 방법이 첫 게이트웨이 상품을 결제하기 직전에 '함께 구매하면 좋은 상품'을 보여주고 같이 구매하면 이득을 주는 것이다. 일정 금액 이상의 상품을 구매하면 무료 배송 조건을 넣거나 세트 상품으로 구매하면 할인을 해주거나 추가 사은품을 제공하는 방법이 대표적이다. 너무 흔한 방법 아니냐고 반문할 수 있지만, 마케팅이 무조건 참신한 아이디어로 시작되어야 한다는 선입견에 빠져서는 안 된다.

실제로 마케팅 실무는 지루하고 반복적인 업무가 일상이다. 흔하게 보이는 마케팅 기법들이 그만큼 효과가 있기 때문에 널리 사용된다는 점을 간과해서는 안 된다. 다른 대형 브랜드들이 사용하는 마케팅 기법은 기본적으로 모두 활용하고, 그 위에서 창의성을 조금 첨가하여 응용하는 방식으로 나아가야 한다. 예를 들어 게이트웨이 상품에 인서트 카드insert card를 넣을 때 그 카드의 형태나 디자인을 색다르게 하는 등의 시도가 우리가 창의적으로 고민해야 하는 부분이다. 보통은 인서트 카드에 추가 구매할 때 사용할 수 있는 할인 코드를 넣거나 회사의 SNS 계정 주소를 넣어서 커뮤니케이션 접점을 늘리는 방법을 주로 활용한다. 이 진부한 인서트 카드에 소비자들이 몇 초라도 더 들여다볼 만한 이유를 부여하는 것이 마케터의 일이다. LTV를 늘리는 것의 핵심은 소비자의 기억 속에 브랜드를 최대한 오랫동안 남도록 하여 재구매 또는 추가 구매가 필요한 시점까지 가는 것이다. 그러려면 첫인상이 되는 언박싱 순간에 굉장한 신경을 써야 한다. 몇 가지 사례를 소개한다.

입욕제품을 판매하는 프랭크 보디frank body사의 인서트 카드는 마치 제품이 말을 건네는 듯한 편지 형태로 유머러스하게 작성되었다. 그리고 브랜드에 대한 더 많은 정보를 찾아볼 수 있도록 소셜미디어

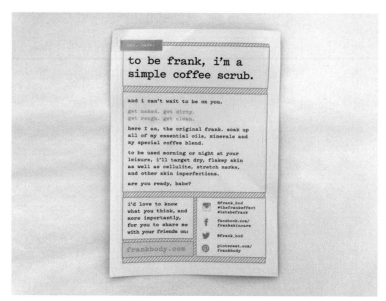

■ '사실 난 단순한 커피스크럽이야'라는 문구로 시작되는 인서트 카드

주소와 자사몰로 이어지는 주소(frankbody.com)도 들어있다. 이 부분은 주의할 필요가 있다. (이 부분은 주의할 필요가 있다. 혹여 아마존에서 자사몰로 유인하는 문구나 표현, 그림 등을 넣었다가는 아마존 판매자 규정에 위배되어서 계정 운영에 제재가 가해질 수 있다.)

미국 나스닥 상장사 아메리칸 아웃도어 브랜드American Outdoor Brands, Inc에서 2022년도에 인수한 그릴라 그릴스Grilla Grills는 구매 감사 카드와 기념품을 잘 활용한 경우다. 주력 제품인 바베큐 그릴의 객단가가 높다 보니 구매한 고객들에게 손으로 직접 작성한 편지와 함께 브랜드 스티커와 기념품을 동봉해서 보냈다. 구매자 입장에서는 특별함을 느끼고 브랜드에 대한 애착이 더 생길 수밖에 없다. 그

■ 그릴라 그릴스의 구매 감사 카드와 기념품. 소비자는 의외로 사소한 것에 감동을 느낀다.

리고 스티커를 본 사람들의 질문이 자연스레 제품 추천으로 이어지는 경우도 있기 때문에 브랜드 입장에서는 가성비 좋은 홍보 전략이다. 의류 SPA 브랜드(기획부터 생산, 유통까지 한 회사가 직접 맡아서 판매하는 의류 브랜드로 ZARA, H&M, SPAO, 탑텐, 에잇세컨즈, 유니클로 등이 있다)가 다회용 장바구니(에코백, 쇼퍼백, 마켓백)를 만들고, 화장품 브랜드가 여행용 세트를 만드는 이유도 비슷하다고 볼 수 있다.

해외 진출을 고민하는
셀러들을 위한 TIP

인터넷과 물류 시스템의 발전으로 '크로스 보더 이커머스Borderless E-Commerce' 시장이 빠른 속도로 성장하고 있다. 크로스 보더 이커머스란 국경 없는 전자상거래란 뜻으로, 해외 제품을 직접 구매하는 '직구'와 국내 제품을 해외로 직접 판매하는 '역직구'가 활발히 이뤄지는 상황을 일컫는 말이다. 과거 해외 진출을 하기 위해서는 잦은 출장, 유통망 확보 및 물류 관리 등 투자해야 하는 시간과 비용이 상당했다. 하지만 아마존을 잘 이용하면 단 한 번의 현지 방문 없이 한국에서 해외 진출이 가능하다. 크로스 보더 이커머스가 자연스러운 구매 행태로 자리 잡게 되면서 국내 이커머스 사업자에게 해외 판매는 단순 옵션이 아닌 필수사항이 되었다.

아마존 FBA 서비스에 주목하라

아마존 FBAFulfillment By Amazon란 아마존이 물건을 판매하려는 업체를 대신해서 제품 보관부터 상품 발송, 교환 및 환불 서비스까지 해주는 물류 일괄 대행 서비스를 가리킨다. 판매자가 아마존 창고에 제품을 보내두면 아마존에 주문이 들어왔을 때 알아서 배송해 주고 환불 문의가 들어오면 알아서 처리해 준다. 이렇게 자동화된 FBA 서비스 덕분에 아마존 판매자들은 배송, CSCustomer Service, 반품, 보관의 부담에서 벗어나 오로지 마케팅과 판매에 집중할 수 있다.

아마존 FBA 200% 활용하기

아마존 FBA를 쓰고 있다면 아마존 외에도 쇼피파이Shopify(전자상거래 구축 플랫폼으로 한국의 카페24와 유사하다) 같은 독립 쇼핑몰이나 다른 이커머스 채널에서 아마존의 물류를 활용할 수 있다. 마치 아마존을 물류업체(물건을 대신 보관하고 배송해주는 곳)처럼 활용하는 것인데, 다른 플랫폼에서 판매가 일어나면 판매자가 아마존 물류 시스템에 배송 정보를 넣어서 아마존이 창고에 보관 중이던 판매자의 물건을 주문자에게 배송하는 것이다. 이를 잘 활용하면 다수의 판매 채널을 이용할 때 추가로 물류를 신경 쓰지 않고 사업을 빠르게 확장할 수 있다.

아마존엔 B2B 마켓도 있다

기업 및 기관 고객을 대상으로 대량 판매를 할 때는 B2B 마켓 플레이스인 '아마존 비즈니스'를 이용하면 된다. 아마존 비즈니스는 아마존 내에서도 가장 빠르게 성장하고 있는 사업으로, 전 세계 500만 개 이상의 기업 고객을 보유하고 있다. 직접 접촉하기 어려운 해외 기업과 기관들에 물건을 공급할 수 있는 채널이다. 코로나 팬데믹 이후 수업이 정상화되면서 강의용 마이크가 대량으로 필요해진 학교에서 한국의 한 제조사에 수백 개씩 주문을 넣어 단기간에 큰 실적을 거둔 사례도 있다.

아마존은 브랜드사를 우대한다

아마존에서는 누구나 제품을 판매할 수 있지만 해당 국가에서 상표권을 가진 브랜드사에게만 차별화된 기능을 제공하고 있다. 브랜드사는 제품설명에 이미지, 비교표, 동영상 등 시각적인 콘텐츠를 사용할 수 있고 브랜드 상품들을 모아서 보여주는 브랜드 스토어를 만들 수 있으며, 브랜드명을 검색한 사용자에게 브랜드 로고, 마케팅 메시지, 자사 판매 제품을 최상단에 노출하는 광고를 진행할 수 있다. 그 밖에도 리뷰 프로그램, 분석 툴 등을 브랜드사에게만 제공하니 아마존에서 판매를 원하는 셀러들은 상표권을 등록하는 것이 유리하다.

2부

Best Amazon Sellers' Marketing

아마존 베스트셀러에게 배우는
마케팅 전략

1

매출 10배 급증한
리브랜딩의 비결

Angry Orange

리브랜딩에 성공해 반려동물 탈취제 1위로 등극한 브랜드가 있다. 바로 앵그리 오렌지Angry Orange다.

아마존에는 소규모 판매자로 시작해서 연 매출 10억 원에서 30억 원까지 찍고 있는 판매자가 생각보다 많다. 이런 브랜드들이 수십 억 단위를 넘어 100억 원 단위의 연 매출을 찍으려면 만만치 않은 투자 비용과 부담이 든다. 그렇다고 대기업이 인수하기엔 너무 작은 브랜드들이다. 이 틈새를 타고 등장한 것이 바로 '브랜드 엑셀레이터'다.

브랜드 엑셀레이터가 하는 일은 말 그대로 브랜드를 더욱 성장시키고 키워내는 것이다. 아마존의 브랜드를 사서 잘 키우기로 유명한 곳 중 한 곳은 바로 스라시오THRASIO다. 사실 스라시오의 첫 사업 모델은 '아마존에서 반짝 잘되다가 매출이 저조한 곳을 싸게 사서 키운 후 되팔기'였지만, 생각처럼 쉽지 않았다. 그래서 바꾼 사업 모델이 바로 지금 '잘되는 브랜드를 사서 더욱더 키우는 것'이다.

■ 리브랜딩에 성공해 반려동물 탈취제 1위에 등극한 앵그리 오렌지

그런 스라시오의 눈에 띈 것이 바로 앵그리 오렌지다. 창업자인 애덤 조지Adam St. George가 키운 앵그리 오렌지는 연간 200만 달러 이상의 수익을 창출하는 내실이 탄탄한 브랜드였다. 스라시오는 앞으로의 성장 가능성을 보고 이 회사를 인수했다.

죽어가는 브랜드에 새 생명을 불어넣다

스라시오는 앵그리 오렌지를 인수하고 1년 만에 수익을 10배 증가시켰고 현재 '소형 동물 탈취제Small Animal Odor Removers' '고양이 탈취제Cat Odor Removers' '강아지 탈취제Dog Odor Removers' 3개 카테고리에서 1위인 브랜드로 만들었다. 아마존 내부에서 '아는 사람만 아는' 정도였던 앵그리 오렌지가 스라시오의 체계적인 마케팅과 관리에 힘

입어 폭발적으로 성장한 것이다. 성장의 비결은 앵그리 오렌지의 브랜드 리뉴얼, 재고 관리 시스템 정비, 스눕독을 비롯한 빅모델들을 활용한 마케팅까지 다양한 이유가 있다. 하지만 그 모든 것은 아마존 소비자에 맞춘 리브랜딩에서 시작되었다.

리브랜딩이란 소비자의 기호, 취향, 환경 변화 등을 고려해 기존 제품이나 브랜드의 이미지를 새롭게 창출하고, 이를 소비자에게 인식시키는 활동을 일컫는 말이다. 스라시오는 앵그리 오렌지의 가장 큰 문제점이 제품 디자인이라고 보았다. 경쟁사의 제품에 비해 눈에 띄는 것도 아니고 제품의 정체성도 잘 살리지도 못했다. 스라시오의 크리에이티브 및 브랜드 전략 상무인 존 헤프터John Hefter는 "아마존은 매우 시각적인 매체입니다. 소비자는 먼저 눈으로 구매합니다." 라고 말하며 병부터 시작하여 패키징까지 앵그리 오렌지의 완전한 리브랜딩을 시작했다.

소비자 반응을 미리 본다

스라시오는 앵그리 오렌지의 정체성을 드러내고 타 제품들과의 경쟁에서 돋보이도록 강렬한 '오렌지' 컬러를 메인 컬러로 잡고 모든 제품의 새로운 디자인을 개발했다. 그리고 최종 디자인은 여론조사를 통해 결정했다. '미국에서 여론조사를 한다고? 비용이 엄청 들지 않나? 그건 미국에 위치한 큰 회사에서만 가능한 일 아니야?'라고 생각할지 모른다. 그러나 아마존 내에서 픽푸PickFu라는 여론조사 플랫폼을 이용한다면 손쉽게 소비자의 의견을 확인할 수 있다.

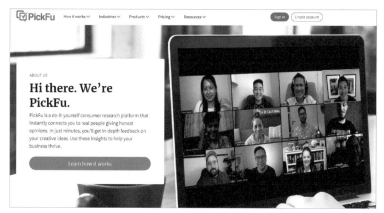

■ 아마존 내 여론조사 플랫폼 픽푸의 홈페이지

픽푸는 온라인에서 여론조사를 할 수 있는 플랫폼이다. 해외시장 진출, 특히 아마존 진출을 고려하고 있는 기업들이 특히 주목해야 한다. 픽푸의 여론조사 대상은 데모그래픽 기준으로 나눌 수도 있지만 아마존 프라임 멤버에게만 별도로 서베이를 진행할 수도 있다. 미국 이커머스 전체에서 가장 메이저하고 소비력 높은 대표 집단의 의견을 따로 받아볼 수 있는 것이다.

앵그리 오렌지는 아마존 프라임 멤버들을 대상으로 브랜드 패키지 디자인에 대한 여론조사를 실시했다. 그들은 여론조사를 통해 소비자의 취향을 반영한 새로운 패키지로 완전히 탈바꿈했고, 이를 앵그리 오렌지 브랜드 컬러로 확립해 브랜드 스토어와 제품설명에도 완전히 적용시켰다. 시장의 반응은 즉각적이었다. 하룻밤 사이에 판매가 7% 증가했고, 이런 추세가 이어지며 연간 수익이 10배 이상 증가했으며, 그 결과 2,300만 달러의 매출을 달성했다.

■ 스라시오는 앵그리 오렌지의 모든 제품 디자인을 새롭게 개발했고, 최종 디자인은 여론조사를 통해 결정했다.

제품의 특징은 직관적으로

반려동물 탈취제 시장은 제품 디자인이 매우 단조롭다. 그래서 대부분 생활용품 하면 떠오르는 전형적인 디자인에서 벗어나지 못한다. 이런 시장에서 앵그리 오렌지는 확실히 눈에 띈다. 하지만 '오렌지' 디자인이 단순히 눈에 띄기 때문에 소비자의 마음을 사로잡은 것은 아니다.

앵그리 오렌지가 리브랜딩에 성공할 수 있었던 가장 중요한 이유는 기존 반려동물 탈취제 제품들의 고질적인 문제를 잘 해결한 제품이란 걸 한눈에 알도록 했기 때문이다.

기존 반려동물 탈취제의 리뷰와 키워드를 살펴보면 '냄새'를 가장 큰 단점으로 꼽는다. 기존 반려동물 탈취제들은 변기 탈취제 같은

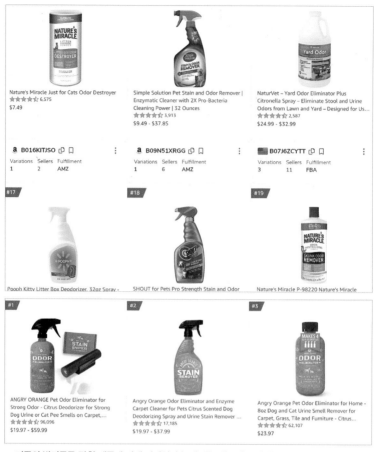

■ 기존의 반려동물 탈취 제품에 비해 디자인이 눈에 띄는 앵그리 오렌지의 제품들

화학약품 냄새가 심해 끔찍하다는 평이 대부분이었다.

초기 앵그리 오렌지의 제품은 이 단점을 개선했는데, 많은 소비자들이 이 점을 충분히 인지하지 못했다. 그래서 이들은 브랜드 리뉴얼을 통해 자신의 강점을 한눈에 알아차릴 수 있도록 디자인을 강

Smells horrible ★★★★★

By martha volz, Reviewed in the United States on February 2, 2017

I have used this in the past also and agree with others that this new formula smells horrible

12 people found this helpful

Smells like toilet bowl cleaner ★★★★★

By The Anderson Family, Reviewed in the United States on November 12, 2016

Daughter: I am sensitive to chemicals, perfumes and strong smells. I thought this would be like the Nature's Miracle Urine Destroyer Stain and Residue Eliminator in the 1 gallon, an unpleasant smell but I could breath around it. I was wrong. It is like spraying the house with toilet cleaner. I have a huge headache my lungs burn and my throat has swollen up making it hard to breathe and I am unable to take benadryl. What makes it worse is it not only sprays the area to be cleaned but it sends up particles in the air which float around the room. So I basically have to use it and then shut myself out of the rest of the house.

12 people found this helpful

■ 기존 반려동물 탈취 제품에서 화약약품 냄새가 난다는 고객들의 리뷰

화했다. 이미지만 봐도 향을 떠올리고 기대할 수 있도록 직관적으로 말이다.

이것은 신선한 오렌지로 만들었습니다

앵그리 오렌지 제품 이미지와 병 디자인, 제품설명 화면을 오렌지 빛깔로 물들이니 소비자들은 '이 제품에서는 악취가 나지 않고 오렌지 향이 난다'는 것을 직감했다. 얼핏 보면 오렌지주스 광고처럼 보일 만큼 오렌지의 신선함과 자연적인 제품의 이미지를 강조했다. 그 결과 앵그리 오렌지의 리뷰에는 오렌지향 얘기가 빠지지 않는다. 그중 하나의 리뷰를 보자.

"저는 개 두 마리를 키우고 있는데 카펫에서 정말 심한 냄새가 납니다. 카펫을 두 번이나 세탁해도 냄새가 완전히 사라지지 않았어

■ 오렌지 색깔을 메인 컬러로 사용하면서 소비자들에게 신선함과 자연적인 이미지를 전달한 앵그리 오렌지의 제품 이미지와 제품설명 화면

요. 그러다 이 제품의 리뷰를 보고 한번 사용해 봐야겠다는 생각이 들었습니다. 이 제품에서는 은은한 오렌지향이 나고 그 향이 하루 종일 지속됩니다.”

 ‘도움이 돼요Helpful’ 버튼을 무려 1,698번이나 받은 베스트 리뷰

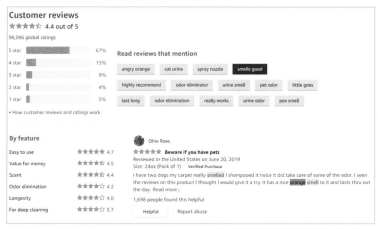

Customer reviews

★★★★☆ 4.4 out of 5

96,096 global ratings

5 star	67%
4 star	15%
3 star	9%
2 star	4%
1 star	5%

▾ How customer reviews and ratings work

Read reviews that mention

angry orange	cat urine	spray nozzle	smells good

highly recommend	odor eliminator	urine smell	pet odor	little goes

last long	odor elimination	really works	urine odor	pee smell

By feature

Easy to use	★★★★★ 4.7
Value for money	★★★★☆ 4.5
Scent	★★★★☆ 4.4
Odor elimination	★★★★☆ 4.2
Longevity	★★★★☆ 4.0
For deep cleaning	★★★★☆ 3.7

Ohio Rose.

★★★★★ **Beware if you have pets**

Reviewed in the United States on June 20, 2019

Size: 24oz (Pack of 1)   Verified Purchase

I have two dogs my carpet really smelled I shampooed it twice it did take care of some of the odor. I seen the reviews on this product I thought I would give it a try. It has a nice orange smell to it and lasts thru out the day. Read more ›

1,698 people found this helpful

Helpful	Report abuse

■ 앵그리 오렌지의 리뷰에 빠지지 않는 향에 대한 좋은 평가

에서는 "이 제품에서는 좋은 오렌지 향기가 나요(It has a nice orange smell)"라는 문구를 볼 수 있다. 앵그리 오렌지가 얼마나 세심하게 기존 제품의 리뷰에서 소비자의 니즈와 실패 포인트를 캐치해서 제품을 개선했는지, 또한 이를 제품 이미지와 제품설명에서 어떻게 효과적으로 전달했는지 느낄 수 있는 부분이다.

2

브랜드 파워는
소비자 페르소나에서 탄생한다

Dr. Squatch

아마존 비누 카테고리에서 TOP 5위권에 제품을 2개나 올린 브랜드가 있다. 3위와 5위를 차지하고 있는 닥터 스콰치Dr. Squatch다. 이 브랜드는 미국의 한 청년이 손수 비누를 만들면서 시작되었다. 아직 열 살도 안 된 이 신생 브랜드가 유니레버 소유의 환갑이 넘은 도브 Dove나 1770년도에 출시된 영국 브랜드 야들리Yardley와 당당히 어깨를 나란히 할 수 있었던 비결은 무엇일까?

2013년에 닥터 스콰치의 창업자 잭 할드럽Jack Haldrup은 사업을 하고 싶어서 창업에 대한 공부를 하고 있었다. 그러다《린스타트업Lean Startup》이라는 창업계 필독서를 읽고 자신의 개인적인 경험과 현재 트렌드 사이에서 찾을 수 있는 틈새시장이 무엇인지 중점적으로 고민했다.

잭은 본인이 직접 경험해 본 소비자 니즈를 토대로 사업을 시작하고 싶었다. 그래야만 초보 사업가인 그가 소비자를 보다 정확하게

■ 건선염을 앓은 적이 있는 자신의 경험을 반영하여 CP비누를 만든 닥터 스쾃치의 창업자 잭 할드럽

이해할 수 있고 접근하기 수월할 것이라 판단한 것이다. 그렇게 찾은 아이템이 CP비누Cold Processed Soap(저온법 비누)였다.

잭은 건선염으로 고생한 적이 있었다. 이 피부질환 때문에 여러 가지 방법을 시도하다가 우연히 샤워 비누를 CP비누 바꾸었고, 그로 인해 건선염이 많이 개선되었다. 하지만 CP비누를 구매하기가 쉽지 않았다. 주로 파머스 마켓에서 구입했지만 파머스 마켓이 항상 열리지 않다 보니 한 번에 여러 개를 구입해야 했다.

시중 마트에는 CP비누가 잘 없을뿐더러, 있더라도 여성을 타깃으로 하는 화장품 브랜드이다 보니 패키지에 손이 잘 안 가고 판매 가격대도 높았다. 하지만 잭은 미용 목적으로 상품을 선택하는 것이 아니었기 때문에 비누에 큰돈을 쓸 생각은 없었다. 잭은 바로 여기가 비어있는 시장이라고 판단했다.

자신처럼 피부 질환으로 고생하는 남성들이 많은데 CP비누의 시

■ 아마존 비누 카테고리에서 도브나 야들리 같은 유명 브랜드와 함께 높은 판매고를 올리고 있는 신생 브랜드 닥터 스콰치

장 포지셔닝이 한쪽으로 치우쳐 있어서 이런 수요가 충족되지 않는 것 같다고 해석한 것이다. 그때부터 그는 CP비누를 만들기 시작했다.

누가 우리 제품에 호기심을 보일까

닥터 스콰치는 젊은 남성들을 위한 브랜드다. 창업 초기부터 25~45세의 젊은 남성들만 공략해 왔다. 하지만 그것만으로는 부족했다. 젊은 남성이라는 소비자군은 범위가 상당히 넓다. 젊은 남성을 타깃으로 마케팅하는 기업이나 단체의 분류만 보더라도 게임, 스포츠, 엔터테인먼트, 자동차, 전자기기 등 상당히 광범위하다. 이런 대기업의 마케팅에 파묻히지 않으려면 정밀한 타기팅이 필요했다. 가장 승률이 높은 곳을 집중적으로 공략해서 승점을 쌓은 후에 구간을 넓히는 방식으로 가야 했다. 잭은 이런 시장 분석을 통해 타깃 소비자를 구체적으로 좁혔다.

우리의 소비자 페르소나는 누구인가

젊은 남성 중에도 이미 홀푸드Wholes Foods(미국의 유기농 식품 전문 슈퍼마켓 체인)에서 장을 보고 닥터 브로너스Dr. Broner's(친환경 퍼스널 케어 브랜드)를 애용하는 남성들은 잭의 타깃 소비자가 확실히 아니었다. 아직 유기농 제품에 대한 경험이 없고 유기농 제품의 높은 가격을 납득하지 못하는 남성들이 주요 타깃이었다. 피부에 좋은 비누를 사용하고 싶지만 그렇다고 라벤더 향이 나는 비누를 사고 싶지는 않은 남자들 말이다. 이런 심리를 잘 이해한 잭은 초기부터 진지하게 소비자 발굴에 대해 고민하고 소비자 페르소나Customer Persona를 구체적으로 세웠다.

- CP비누를 사용해 본 적이 없고 평생 대기업 브랜드의 일반 비누만 사용해 왔다.
- 유기농 비누의 존재도, 천연 원료로 만든 퍼스널 케어 제품All-Natural Personal Care Products에는 어떤 상품이 있는지도 모른다.
- 어릴 적에 영화 〈루디Rudy〉(체구가 작지만 미식축구 선수가 되고 싶은 주인공 루디가 꿈을 향해 도전하는 내용)를 봤던 추억이 있다.
- 캠핑, 하이킹, 낚시, 사냥 등의 아웃도어 액티비티를 즐긴다.

소비자 페르소나란 해당 브랜드 제품을 구매하는 가장 이상적인 소비자의 모습을 가상의 인물을 가리킨다. 초기 브랜딩을 시작한 회사일수록 소비자 페르소나를 설정하면 제품을 개발하거나 브랜드의 톤앤드매너를 정할 때 소비자의 특정 니즈에 맞춰 시너지를 얻을 수 있다는 장점이 있다. 잭은 소비자 페르소나에게 맞는 브랜드 네이밍과 콘셉트를 만들었다.

닥터 스콰치라는 브랜드명은 사스콰치Sasquatch라는 전설 속 미확인 괴생명체에서 따온 것이다. 빅풋bigfoot이라고도 불리는 사스콰치는 북미 서해안 지역의 인디언 부족의 언어로 '털이 많은 거인'이라는 뜻이다. 브랜드명 자체부터 여성이 아닌 '남성'을, 그중에서도 '야성미' 넘치는 남성을 위한 제품이라는 것을 강하게 어필하고 있다.

원료부터 다르게

타깃 소비자군이 명확하게 설정되어 있다 보니 상품의 모든 네이밍을 할 때 확실한 색깔을 잡을 수 있었다. 천연비누는 대부분 원료로 사용된 소재, 즉 '페퍼민트' '라벤더' '올리브' '티트리' 등을 이름으로 사용한다. 하지만 닥터 스콰치의 소비자 페르소나는 이런 이름의 비누를 싫어한다.

소비자 페르소나에 맞는 이름을 찾아라

잭은 향이 큰 몫을 차지하는 비누의 특성을 살리는 동시에 상품명에서 최대한 많은 세포를 자극하려고 했다. 과거에 경험했던 맛, 향, 경험, 촉감 등을 불러올 수 있는 기억 포인트를 짚어주는 것이다. 닥터 스콰치는 아웃도어 액티비티를 즐겨 하는 젊은 남성들이 어떤 추억을 많이 갖고 있고, 어떤 느낌을 추구하는지 너무나 잘 알고 있었다.

캠핑, 등산, 사냥, 낚시, 수영, 목공 등의 단어를 볼 때 떠오르는 추억을 건드려 그 당시의 좋은 추억을 브랜드와 결합시키는 전략을 세웠다. 여름 바다, 맑은 계곡 폭포, 소나무숲, 솔밭, 파도 소리, 모래사장, 파라솔, 해수욕장, 눈밭, 첫눈, 눈사람, 무지개, 따듯한 햇살, 한강, 시원한 바람, 나무 그늘, 잔디밭 등의 단어들을 활용하여 상품명이나 브랜드명을 짓는 것이다. '여름 바다 멘톨비누' '첫눈 우유 비누' '눈사람 거품입욕제' 등의 이름처럼 말이다. 이런 마케팅과 상품 기획은 뷰티 업계, 특히 여성용 색조 화장품에서 많이 활용되고 있다. 종종 화장품 매장에 들러 제품을 어떻게 홍보하고 제품명을 어떻게 짓고 있는지 보면 마케팅 아이디어를 얻는 데 도움이 많이 된다.

닥터 스콰치는 이 전략을 도입하여 제품명을 지었다. 닥터 스콰치의 라인업 중에서 꾸준한 판매가 이뤄지고 있는 상품들을 보면 소비자들이 기업의 전략에 적극적으로 반응하고 있다는 것을 알 수 있다. '자몽IPA'(맥주), '시원한 폭포'(시트러스), '오크 이끼'(나무향), '송근타르'(소나무), '베이럼'(시나몬, 시트러스)은 이름만 듣더라도 어떤 느낌

■ 닥터 스콰치 라인업 중에서 꾸준한 판매가 이뤄지고 있는 상품들. 이름만 보더라도 소비자 페르소나를 정확히 반영하고 있다는 걸 알 수 있다.

인지 알 수 있고, 관련된 추억이나 상상이 펼쳐지면서 심리적으로 기대감이 차오른다.

닥터 스콰치의 성공은 기업이 타깃 소비자군의 입맛을 정확하게 파악하고 브랜드와 상품을 기획하는 단계부터 타깃 소비자군의 입맛을 철저하게 반영했기 때문에 가능했다.

소비자 페르소나 효과를 끌어올리는 워너비 광고

닥터 스콰치는 사업 초기에 아마존 내부 광고는 아예 배제하고 마케팅을 진행했다. 구글이나 아마존 등의 검색형 플랫폼을 철저하게 배제하고 소셜미디어(SNS) 채널 위주로 광고를 집행한 것이다. 현재의 닥터 스쾃치가 자리 잡을 수 있었던 중요한 마케팅 전략이었다.

닥터 스쾃치의 경우는 타깃 소비자군이 CP비누에 대한 필요성을 깨닫지 못하는 단계이기 때문에 '소비자 교육'이 먼저 필요한 상황이었다. 소비자에게 접근하여 마케팅 메시지를 전달할 수 있는 경로로 검색엔진 기반의 플랫폼은 적합하지 않다. 만약 론칭 초기에 타깃 소비자가 CP비누에 대한 이해도가 없는 상태에서 아마존 내에서의 광고에만 집중했다고 해보자. '남성을 위한 천연비누natural soap for men'라는 키워드는 검색량 자체가 낮았을 테고, 면도기나 남성화장품 등 유사한 상품을 타깃으로 디스플레이형 광고를 하거나 과거 구매한 내역을 기준으로 광고하는 것이 최선이었을 것이다. 물론 이런 방법으로 아마존 내부에서도 성장을 늘릴 수는 있었겠지만, 굉장히 느린 성장 속도를 보였을 것이다.

광고비를 넣는 만큼만 성장하거나 광고비를 증액했는데 오히려 광고 효율이 떨어지는 경우도 있다. 왜 그런지 생각해 보자. 마케터와 소비자가 서로 다른 목적을 두고 있기 때문이다. 같은 소비자라도 온라인 쇼핑을 하고 있는 상태와 SNS 채널 등에서 콘텐츠를 즐기고 있을 때의 상태는 확연히 다르다. 여기서 핵심은 '새로운 것에 마음이 열린 상태'인가 하는 것이다. 아마존에서 쇼핑을 하고 있는 상황에서는 내가 원하는 것을 찾고 구매한다는 목적이 뚜렷하다. 필요한 성능과 가격만 맞으면 된다. 더 좋은 기능이나 아이디어 상품이 있다고 해도 크게 귀 기울여 듣지 않는다. 모두가 내 지갑을 노리고 있다는 점이 너무 명백해서다.

하지만 반대로 유튜브나 틱톡 같은 플랫폼에서 콘텐츠를 즐기고 있는 상황을 떠올려보자. 이때는 마음이 열린 상태다. 새로운 내용도 어느 정도 들여다볼 수 있는 여유가 있다. 영상 몇 개 봐야지 하는 목적이 있는 것이 아니라 단순히 그 시간을 즐기고 있기 때문에 마케팅 성향이 있는 콘텐츠라도 즐겁고 흥미로우면 개의치 않는다.

자, 그럼 다시 사례로 돌아와서 닥터 스콰치처럼 타깃 소비자를 교육해야 하는 상황이라면 어떤 플랫폼에서 마케팅을 가장 우선적으로 고려할까? 그리고 그 콘텐츠를 어떻게 만들어야 이해도 잘 되고 전파가 잘 될까? 바로 '페르소나'를 워너비로 만드는 전략이다. '이 제품을 사용하면 나도 저렇게 되겠지'라는 구매 욕구를 자극하는 것이다.

닥터 스콰치의 경우에는 유튜브를 적극적으로 활용했다. 향기 나는 일반 비누를 사용하는 남성을 '엄마가 사다 준 비누 그대로 사용하는 남성'으로 표현하고, 닥터 스콰치의 제품을 사용하는 남성을 '액티비티를 즐기는 야성적이고 매력적인 남성'으로 표현하는 방식으로 영상을 제작했다. 그중에서도 특히 길거리 인터뷰하는 영상의 반응이 굉장히 좋았다.

미녀들을 대상으로 비누 제품을 시향 테스트하는 영상이었는데 "내 남자친구한테서 이런 냄새가 나면 기분이 어떠시겠어요?"라고 물으면 "아, 제가 현재는 싱글이지만 이런 향이 나는 남자라면 바로 호감을 느낄 것 같아요."라고 대답하는 영상이었다. 다른 제품과의

SQUATCH NATURAL SOAP

It smells really good...
yeah really sexy.

■ 일반인이 출연하는 광고 영상은 소비자들의 공감을 끌어내기 쉽다.

비교도 잊지 않았다. 인터뷰 사이에는 넌지시 피부에 좋은 천연비누라는 점도 언급했다. 하지만 너무 깊게 들어가지는 않았다. 가장 중요한 점은 영상을 보는 사람들의 흥미를 유지하는 것이기 때문이다. 소비자의 주목을 끌기 위해서는 우선 흥미로워야 한다. 무작정 제품 성능 이야기부터 늘어놓으면 안 된다. 일단 재미가 있어야 계속 볼 테니 말이다. 재미있는 만큼 기억에도 오래 남고 주변 친구들에게 공유하기도 한다.

이때 단순히 바이럴로 끝나지 않고 구매로 이어지게 하는 광고 팁이 있다. 론칭 초기에는 브랜드와 상품 사용성을 알리는 소셜 콘텐츠에·의존하는 것으로 시작하지만 소비자들에게 입소문이 나면 자연스레 아마존에서 자사의 브랜드명 검색량이 늘어난다. 유튜브 영상을 봤던 사람들이 아마존에 회사 이름을 검색해 보기 때문이다. 의외로 유튜브 영상 밑에 있는 아마존 링크를 누르는 경우는 많지 않다.

이렇게 아마존 페이지로 유입되는 소비자가 많아지면 이때 디스플레이 광고를 집행한다. 닥터 스콰치라는 키워드를 검색했을 때 노출되는 광고 자리는 전부 잡아 광고하는 것이다. 그러면 좀 더 효과적인 시너지를 얻을 수 있다. 여기에 자사 상품으로 타깃 광고를 추가로 집행하면 효과는 배가 된다. 앞으로 소개할 서울수티컬즈Seoul Ceuticals 전략으로 유튜브에서 어렵게 모셔 온 소비자를 다른 경쟁자가 낚아채는 것을 예방하는 목적이다. 비누처럼 객단가와 마진율이 비교적 낮은 제품의 경우에는 마케팅 비용을 최대한 효율적으로 관리해야 한다. 최소 비용으로 최대 효과를 누릴 수 있는 마케팅 전략을 세우고 새는 돈이 없도록 막는 것이 중요하다.

가격 선정도 마케팅 요소

페르소나가 소비자의 욕구를 확실하게 자극한다면 굳이 가격 경쟁을 하지 않아도 된다. 소비자는 브랜드가 제공하는 이미지에 만족한다면 기꺼이 지갑을 연다. 닥터 스콰치는 2018년 이후로 줄곧 같은 가격에 상품을 판매 중이다. 중량 단위로 계산해 보면 경쟁사들 대비 많게는 6배까지도 높은 가격이다. 현재 기준으로 봐도 비싼데 최초 가격 설정 당시에는 상당히 비싼 가격이었다. 특히나 신생 브랜드로서 그렇게 높은 가격으로 제품을 출시하는 것이 쉬운 결정은 아니었을 것이다.

하지만 반대로 닥터 스콰치가 저렴한 가격대로 출시되었으면 어떤 느낌이었을까? '남성적이고 야성미 있는 남성'에게 '가성비 비누'는 어울리지 않는다. 게다가 너무 낮은 가격은 오히려 '내추럴'이라고 강조하는 비누의 성분에 대한 의구심을 자아냈을 테고, 소비자 교육을 위해 유머를 섞은 콘텐츠도 오히려 가볍게 느껴졌을 것이다. 이처럼 가격 하나에도 브랜드의 메시지를 담을 수 있고, 담아야 한다.

소비자 중에도 유난히 가격에 민감한 부류가 있다. 사람마다 소중하게 생각하고 투자하는 제품군이 다르듯 소비자들도 각각의 소비 우선순위가 있는데, 브랜드 철학과 상품의 장점에 대한 납득이 안 된 상태의 소비자에게 높은 가격을 제시하면 그 소비자는 당연히 구매를 고민조차 하지 않는다. 이때 브랜드 오너(마케터)로서 이 단계에 있는 소비자를 상대로 돌직구형 판매를 하려고 해서는 안 된다. 이미 설득이 완료되어서 브랜드를 믿고 구매하려는 소비자에게만 적용되는 것이 가격이다. 다시 말해 값싼 제품만 좇는 소비자층은 소비자로 삼고 싶은 대상이 아니다. 물론 할인과 프로모션 등으로 그 소비자를 흡수할 수도 있겠지만, 그런 류의 소비자는 다른 경쟁 브랜드가 할인을 하거나 더 저렴한 상품이 출시되면 바로 이탈하는 부류다. 따라서 가격을 애초부터 낮춰 출시할 필요가 전혀 없다. 오히려 가격을 높게 설정해서 브랜드의 철학과 상품의 우수함을 뒷받침해 주는 것이 중요하다.

3

타깃 소비자를 저격한
남성 물티슈

DUDE Wipes

듀드 와이프DUDE WIPES는 미국의 남성 전용 물티슈 브랜드로 주당 140만 달러(약 18억 원)어치의 제품이 판매되는 브랜드다(2021년 11월 기준 매출). 아마존뿐만 아니라 월마트, 타겟, 크로거 등 미국 전역에 1만 5,000개 이상의 매장에서 판매되고 있다.

듀드를 창업한 이들은 미국의 젊은 남성 네 명이다. 창업하기 전에 이들은 생활비를 아끼기 위해 자취방을 같이 쓰는 룸메이트였다. 남자들끼리 지내다 보니 며칠만 신경을 안 써도 집 안은 금방 엉망이 되곤 했다. 이대로 방치해선 안 되겠다 싶어서 이들은 당번을 정하기로 했다. 각자 하나씩 역할과 구역을 맡아 청소와 정리정돈 등 집안일을 분담했다. 그중에 숀 릴리Sean Riley는 생필품을 때 맞춰서 채워 넣는 담당이었다. 그래서 주기적으로 할인마트에 들러 대량 구매를 해오곤 했다.

그러던 어느 날, 릴리는 본인의 취향대로 화장실 구비 용품으로

■ 듀드 CEO 숀 릴리(왼쪽)와 그의 친구들

아기용 물티슈를 구입해서 화장실에 채워두었다. 릴리는 본인이 대변을 본 후에 아기용 물티슈로 엉덩이를 닦는다는 사실을 누구에게든 자신 있게 이야기해 본 적은 없지만 매번 화장실에 들어갈 때마다 물티슈를 들고 들어가기 번거로웠기에 함께 사는 친구들에게 아기용 물티슈를 권유해 보기로 했다.

　룸메이트들은 성인 남성이 아기용 물티슈로 엉덩이를 닦는다는 것은 상상해 본 적도 없었는데, 호기심에 한두 번 사용하다 보니 금세 그 매력에 중독되어 버리고 말았다. 아기 물티슈를 사용한 룸메이트들은 '사용해 보니 신세계다' '집에서만 사용하기 너무 아쉽다' '외출할 때도 아무렇지 않게 들고 나가고 공용 화장실에서도 거리낌 없이 사용할 수 있으면 좋겠다'라며 입을 모았다.

사실 미국 문화에서 20~30대 청년들에게 남자다움은 굉장히 중요한 부분인데 아기용 물티슈를 챙겨 다니는 모습은 자칫 남자답지 못한 사람으로 보일 수 있기 때문이다. 이 대화에서 영감을 받은 네 사람은 이를 사업 아이디어로 발전시켰다.

그들은 물티슈라는 상품에 남성스러운 볼드함과 유쾌함을 더한다면 분명 승산이 있을 것이라 생각했다. 릴리처럼 남들 몰래 아기용 물티슈를 사용하는 남성들closet wipe guys부터 공략해서 점차 물티슈를 한 번도 사용해 본 적 없는 남성들에게까지 새로운 문화를 전파하겠다고 다짐했다.

오직 남성만을 위한 물티슈

듀드가 추구한 이미지는 '남성'과 '위트'다. '남성'은 제품을 사용하는 타깃 소비자를 겨냥한 것이다. 하지만 이들이 생각한 브랜드는 할리 데이비슨Harley Davidson이나 언더 아머Under Armor처럼 남성스러움만 강조되는 이미지는 아니었다. 아무래도 제품 자체가 살짝 민망할 수도 있는 물티슈 제품이고, 타깃 소비자들이 오랜 세월 동안 갖고 있던 습관을 바꿔야 하는 미션이 있었기 때문이다. 평생 일반 휴지만 써온 소비자들에게 물티슈를 사용해 보라고 권해야 하는 것이다.

그 권유가 쉽게 받아들여지려면 부담되지 않는 선에서 솔직한 이미지여야 한다. 할리 데이비슨이나 언더 아머처럼 누군가에게 보여주려고 사용하는 제품이 아니라, 어떻게 보면 사적인 제품이지만 소지하고 있더라도 부끄러워지지 않는 정도의 포지셔닝을 찾아야 했다. 젊은 감각의 위트 있는 느낌. 그게 바로 듀드가 추구하는 이상적인 브랜드 이미지였다.

'남성'을 타기팅하라

듀드가 추구하는 이미지는 제품 디자인에서도 잘 드러난다. 검고 작고 심플하다. 물티슈를 사용하고 싶지만 밖에 들고 다닐 수 없는 남성 소비자들의 니즈를 반영한 디자인이다. 아마존에 '물티슈'를 검색해 보면 귀엽고 아기자기한 제품들 사이에서 듀드의 물티슈는 단연 눈에 띈다.

소비자를 겨냥한 듀드의 전략은 디자인뿐 아니라 제품설명에도 잘 드러난다. 타깃 소비자인 젊은 남성층의 큰 특징은 '귀차니즘'이

■ 아마존의 물티슈 카테고리에서 단연 눈에 띄는 듀드의 디자인

다. 패키지의 문구 하나를 읽을 때 그다지 신경 써서 읽는 게 아니라 쓱 훑어본다는 뜻이다. 내용을 이해하려는 적극적인 자세가 아니라 그냥 읽히면 읽고 아니면 말고의 자세다. 이런 상황에서 너무 많은 내용을 늘어놓으면 타깃 소비자는 글의 양에 압도되어서 첫 줄조차 읽으려고 시도하지 않는다. 듀드는 이런 심리적인 부분을 잘 고려했고, 패키지나 판매페이지상에서도 강조해야 하는 부분만 명확하게 전달하는 데 성공했다.

　타깃 소비자와 상품의 특성에 따라 글의 양과 표현법, 단어 선택 등은 달라져야 하겠지만, 가독성 높고 이해하기 쉬운 문장은 언제나 옳다. 특히나 소비자가 익숙하지 않은 내용(상품, 성분, 사용법 등)이라면 더더욱 그렇다. 듀드는 이런 특성을 고려해 판매페이지를 만들었다.

　이런 특징은 듀드의 또 다른 상품 듀드 샤워DUDE SHOWER에도 잘 드

■ 가독성이 높고 이해하기 쉬운 문장으로 타깃 소비자의 성향을 정확히 반영한 듀드의 판매페이지 디자인

러난다. 듀드 샤워는 말 그대로 샤워용 물티슈다. 기존에 없던 상품을 새로 창시한 것은 아니다. 듀드가 듀드 샤워를 출시하기 전부터 이미 산악, 캠핑, 동계 훈련 등의 상황에서 사용하는 샤워용 물티슈가 있었다. 다만 샤워 와이프shower wipes, 보디 와이프body wipes, 베싱 와이프bathing wipes 등 이름은 조금 정직한 편이었다.

우선 샤워 와이프라는 제품명을 살펴보자. '샤워' 뒤에 '와이프'라는 단어가 붙는 순간 샤워의 상쾌한 느낌이 심리적으로 저하된다. 샤워라는 단어를 보면 샤워기에서 시원하게 나오는 물줄기가 연상되다가 와이프라는 단어 때문에 물티슈로 몸을 닦아내는 불편한 느

■ 필요하면 어디서든 샤워를 할 수 있다는 메시지를 잘 전달하고 있는 '듀드 샤워' 광고의 한 장면

낌이 든다. 특히나 '닦아낸다'라는 의미의 '와이프'라는 동사는 일반적으로 '씻어낸다'라는 의미의 '워시wash'와 비교해도 단어가 주는 뉘앙스가 상당히 다르다.

듀드는 이 부분에서 탁월했다. 'DUDE'라는 단어가 물티슈를 상징하게 되자 '와이프'라는 단어를 과감하게 삭제하고 제품 이름을 '듀드 샤워'로 정했다. '이제 어디서든 샤워를 할 수 있다(Now you can take a shower anywhere)'라는 홍보 문구 또한 간결하면서도 직접적이며 무엇보다 상쾌한 느낌을 잘 전달하고 있다.

'위트' 있는 커뮤니케이션

듀드는 젊은 감각의 위트 있는 브랜드 이미지를 소비자에게 전달하고자 이를 홍보에 적극적으로 활용했다. 듀드 홈페이지에 나오는 제품 소개글의 일부를 소개한다.

"The DUDE movement was born, with flushable wipes for on-the-go and at home shituations."

Product description

Back in the day, we always hated using toilet paper, the stuff stinks. We believed life should be better—something had to be done. So we went to work, creating DUDE Wipes out of our apartment. Soon the DUDE movement was born, with flushable wipes for on-the-go and at home <u>shituations</u>.

■ 듀드 홈페이지에 나와 있는 제품 소개글. 'shituations'이라는 위트 있는 합성어가 듀드의 정체성을 잘 나타낸다.

■ Shituation한 상황을 위트 있게 소개하고 있는 아마존 포스트

　'공공장소나 집에서 급하게 볼일을 봐야 하는 상황에 대비해 변기에 버릴 수 있는 듀드 물티슈가 탄생했다'라는 소개글에서 '급하게 볼일을 봐야 하는 상황'을 'shit'과 'situation'을 합쳐 'shituations'이란 신조어로 재미있게 표현했다.

저비용 최대 효과, 뉴스재킹 마케팅

　듀드는 기존에 없던 상품(소비자 입장에서 머릿속에 없는 상품)을 판매해야 하고, 타깃 소비자에게 상품의 필요성에 대한 '교육'을 해야 하

■ 듀드는 창업 예능 프로그램 〈샤크 탱크〉에 출연해 대중에게 남성 물티슈의 존재를 인식시켰다.

는 상품이기 때문에 검색형 채널(쇼핑몰)보다 노출형 채널을 통해 소비자의 머릿속에 '침투'하기로 했다. 우선 남성들에게 물티슈를 왜 써야만 하는지, 그리고 왜 유아용 물티슈가 아닌 남성용 물티슈를 써야 하는지를 설득하기로 한 것이다. 물론 위트 있게 말이다.

듀드는 대중매체와 스폰서십 그리고 뉴스재킹newsjacking('뉴스'와 '강탈'을 뜻하는 '하이재킹hijacking'의 합성어)을 시기적절하게 잘 활용해서 마케팅 효과를 톡톡히 본 경우다.

듀드는 ABC의 〈샤크 탱크Shark Tank〉라는 창업 예능 프로그램에 출연하면서 큰 인기를 끌었다. 출연 전에는 고작 25만 달러였던 매출이 출연 이후에는 320만 달러로 수직상승했다. 그때 대중은 처음으로 남성 전용 물티슈라는 상품의 존재를 인식하게 되었다. 그렇다고 바로 매출로 이어지지는 않는다. '아, 저런 물건이 있구나. 나중에 필요하면 나도 사봐야지' 정도의 반응이 대부분이다. 그런 인식을 심어둔 상태에서 추가 마케팅이 필요하다. 왜 지금 이 물품을 구입해야 하는지 이유를 주면 기존에 갖고 있던 인식에 더해져 구매 결정이 쉬워지고 높은 구매전환율로 이어진다. 그래서 온라인 광고에서 상품 출시 후 마케팅을 2단계로 나눠서 진행하도록 권장한다. 첫 단계는 상품 또는 브랜드의 존재를 알리는 마케팅, 2단계는 관심 있던 상품을 지금 구매해야 할 '긴급성'을 부여하는 마케팅이다. 이렇게 마케팅 활동의 목적을 명확하게 구분하지 않고 진행하면 매출(구매전환율)만으로 모든 마케팅 활동을 평가하는 불상사가 발생한다.

새로운 상품과 그것을 사용하는 문화, 습관에 익숙해지는 데도 시간이 필요하다. 소비자들은 새로운 아이디어 상품을 기다리고 있지 않는다. 그들은 각자만의 생활 패턴이 있고, 이미 사용하던 물건이 있다는 점을 분명하게 인지하고 단계별로 접근해야 한다.

듀드는 타깃 소비자인 남성들이 주로 보는 스포츠에 스폰서를 하면서 브랜드 포지셔닝을 확고히 했다. 협찬을 진행한 스포츠도 다양했다. MLB, PGA, NASCAR, NFL, UFC 등 다양한 스포츠와의 접점을 만들어나갔다. 하지만 〈샤크 탱크〉에 출연하면서 마크 큐반 Mark Cuban으로부터 투자받은 30만 달러로는 부족했다. 미국의 중소형 인플루언서들도 1만 달러 단위의 비용이 드는데, 스포츠 스타는 천정부지로 값이 올라가기 때문이다. 이런 상황의 돌파구를 찾기 위해 듀드가 택한 방법이 뉴스재킹이다. 이미 화젯거리가 되어있는 소식에 올라타기 위해 관련 뉴스를 잘 지켜보다가 제품과 관련 있다 싶은 소식에 적극적으로 참여하면서 추가적인 뉴스거리를 만들었 다. 듀드는 스포츠 관련 뉴스 중에 '대변'과 관련된 화젯거리를 집중 적으로 공략했다. 예를 들어 MLB 경기 도중에 투수 아치 브래들리 Archie Bradley가 바지에 대변을 묻힌 채로 마운드에 올라간 적이 있다

■ MLB 투수 아치 브래들리와 듀드의 뉴스재킹 마케팅

고 팟캐스트에서 실토하면서 큰 이슈가 된 적이 있다.

알고 보니 이 선수는 마운드에 올라가기 전에 소변을 꼭 봐야 하는 습관이 있는데, 이날은 시간이 급한 나머지 빨리 소변을 보려고 힘을 과하게 줬던 것이다. 그런 상황인데 이미 마운드에 올라갈 순서가 되었고, 어쩔 수 없이 뒷처리를 거의 못한 채로 올라가서 피칭을 했다고 한다. 이 팟캐스트가 화제가 되자마자 듀드는 브래들리에게 스폰서 제의를 했고, 이를 흔쾌히 받아들인 선수는 듀드 물티슈를 들고 활짝 웃는 사진을 본인의 SNS 채널에 올렸다. 듀드도 이 사진을 동일하게 SNS에 올리면서 스포츠 기자들 사이에서 양쪽의 SNS 포스트를 다루는 기사가 쏟아져 나왔다.

타이밍이 아주 좋았던 이런 협찬 광고는 이 뿐만이 아니었다. UFC 경기 도중에 한 선수가 괄약근에 힘이 풀리면서 경기장 내에서 실수를 한 일이 있었다. 저스틴 키시Justine Kish라는 여성 격투기 선수로, 당시 사건 이후에 트위터에 "나는 전사다. 절대 포기란 없다. #X 같은 일들이 일어나기도 하지(받아들여야지 별 수 없다는 뜻). 하하 곧 돌아올게(I am a warrior, and I will never quit #ShitHappens haha be back soon)"라고 트윗을 날리면서 화제가 됐던 일이 있다.

이때도 듀드는 놓치지 않고 그녀의 트윗에 "UFC가 네 엉덩이(바지 뒷부분)에 우리 로고 협찬을 못하게 하는데, 네가 평생 쓸 만큼의 물티슈는 보내줄 수 있어"라고 답변을 달았다. 이 상황도 기자들 사이에서 엄청난 화제가 되었다. 스포츠계에서 일어나는 모든 더러운(?) 사건 사고에는 듀드가 빠지지 않고 끼어들어 스포트라이트를 쭉 뽑

■ UFC 선수 저스틴 키시와 듀드의 뉴스재킹 마케팅

아갔다.

요즘은 대중적인 스포츠 마케팅이 아니더라도 세세한 마니아층
의 분야까지 유튜버들이 있기 때문에 이슈거리를 마케팅하기가 더
좋은 시대다. 유튜버들 사이에서도 이슈는 계속 생겨나고 있고, 해

당 분야에서 틈새만 잘 파고 들어가면 얼마든지 승산이 있다. 유튜 버든 스포츠 선수든 연예인이든 브랜드를 홍보할 이유를 찾아서 바로 앞에 갖다 줘야 한다. 듀드가 스포츠 선수들을 마케팅에 활용할 수 있었던 것은 마케팅 예산이 많아서가 절대 아니다. 정말 완벽한 타이밍에 치고 들어갔기 때문에 스포츠 선수들도 거절할 이유가 없던 것이고 오히려 반겼던 것이다. 곤란하게 받아들여질 수 있었던 자기들의 이슈거리를 재미있는 사건으로 미화하는 일을 듀드가 해준 것이다. 우리나라 브랜드들도 얼마든지 이렇게 접근할 수 있다. 다만 중요한 건 타깃 소비자층이 주목하고 있는 콘텐츠와 채널을 꼼꼼하게 살피면서 적절한 이슈거리를 찾아야 한다는 점이다. 협찬받는 이들의 입장을 고려하는 마음가짐도 중요하다. 그들은 수고스러움 없이 자신들의 이미지와 파급력에 좋은 영향을 끼치는 일을 반길 것이다.

구매가 망설여지는 방해 요소를 제거하라

물티슈는 가장 대표적인 일회용품이다. 모두가 환경을 생각하며 친환경적인 소비를 선호하는 시대인데 일회용품을 판매한다는 것은 브랜드 이미지에 대한 리스크가 분명 있다. 듀드의 창업자들도 이런 리스크의 존재를 일찍부터 이해하고 있었고, 나름대로 이에 대응하는 전략들을 펼쳐왔다.

기존 소비자들이 환경에 대한 이슈로 등을 돌릴 수 있다는 점이
가장 큰 리스크였다. 제품을 잘 사용하던 충성소비자들도 주변의 비
난에 못 이겨 브랜드에 대한 충성도가 떨어지는 것 또한 리스크였
다. 아무리 브랜드에 대한 충성심이 높아도 그 제품을 사용하는 것
자체가 당당하지 못한 분위기라면 사용이 꺼려질 것이고, 소비량이
점점 떨어지면서 구매 주기는 길어질 수밖에 없다. 그렇다면 브랜드
사 입장에서는 이런 상황을 대비해서 충성소비자들이 펼칠 수 있는
주장과 근거를 마련해 줘야 한다. "이 상품은 환경을 고려해서 만든
일회용품이야"라고 할 수 있도록 제조사가 직접 멘트를 만들어서 마
케팅해 줘야 한다.

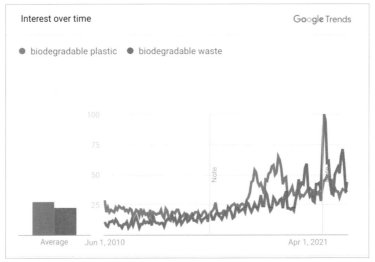

■ 구글 트렌드에서 제공하는 검색어 사용도. 2015년 파리기후변화협약 이후 전 세계적으로 환경에
관한 관심이 높아지면서 '생분해성 플라스틱'(파랑), '생분해성 폐기물'(빨강) 검색어 또한 증가함
을 볼 수 있다.

마케팅 용어 중에 '셀링 포인트'라는 말이 있다. 어떤 면으로 사람들이 구매하게 만들 것인지, 그 매력 포인트를 말하는 것이다. 이 셀링 포인트만큼 중요한 것이 구입하지 못 하는 이유, 즉 구입을 결정하는 데 방해되는 요소를 제거하는 것이다. 콜라가 설탕을 뺀 제품을 출시하는 것, 소주 광고에서 숙취 없는 상쾌함을 강조하는 것, 성인용품점에서 비밀포장을 해주는 것, 고급카메라 광고에서 유아 동반 가족을 보여주는 것 등이 모두 마케팅 전략이다. 고급카메라 같은 경우는 일부러 30~40대 아기 아빠들이 아내를 설득하는 과정을 도와주기 위해서 유아 사진을 많이 사용한다. 구매를 결정하는 데 조금이라도 망설이게 되는 부분을 제거해 주는 것이다.

성장기의 브랜드에서는 이 부분이 더욱더 중요하다. 한 브랜드의 성장이란 단골 소비자의 수가 늘어나면서 그들이 점점 더 많이, 자주 그 브랜드를 애용해 주는 것이다. 그런데 기존 소비자가 이탈한다는 것은 성장의 첫걸음도 떼지 못하는 것이고, 이는 신규 소비자를 늘리지 못하는 것보다 더 큰 손실이다. 이탈한 소비자가 그 브랜드를 이탈한 경험을 주변 사람들과 나누면서 발생하는 부정적인 영향도 있고, 이탈한 소비자의 마음을 다시 돌리고 브랜드 이미지를 회복하는 데는 훨씬 더 많은 마케팅 비용이 들기 때문이다. 대중적인 브랜드가 환경적인 이슈에 솔선수범하면서 나서는 이유가 바로 여기에 있다. 마켓컬리의 '컬리 퍼플 박스'도 이런 측면에서 브랜드의 성장에 많은 기여를 했다고 볼 수 있다. 충성소비자들이 마켓컬리라는 브랜드를 애용하는 이유가 하나 더 생긴 것이다.

듀드는 2016년부터 생분해biodegradble라는 키워드로 마케팅을 펼쳤다. 생분해가 실제로 되는지 여부를 두고 논란이 있기는 하지만 마케팅 측면의 효과는 있어 보인다. 여기서 마케팅 효과란 환경운동가들이 듀드 와이프를 사용하게끔 만들기 위한 목적이 아니다. 그저 기존의 소비자들을 잃지 않기 위한 수단이고, 환경에 대한 큰 관심 없이 소비활동을 하는 소비자들을 공략하기 위한 전략이다. 한 브랜드의 마케팅 활동이 모두를 설득할 필요는 없다. 사실 그런 마케팅은 허구에 불과하다. 브랜드 파워에서 1위를 하는 애플도 호불호가 있고, 그들의 마케팅 활동에 모두가 고개를 끄덕이지도 않는다. 마케팅 비용을 가장 많이 사용한다는 P&G도 대중을 공략하기 때문에 브랜드를 대형 사이즈로 키울 수 있었던 것이다. 모두를 만족시키기 위한 마케팅은 아무도 만족시키지 못한다는 사실을 반드시 기억해야 한다.

4

단일 제품 하나로
세계시장 1등이 되다

Hero Cosmetics

아마존에서 가장 경쟁이 치열한 카테고리는 무엇일까? 의류 카테고리, 가전 카테고리 등 여러 카테고리가 떠오르지만 대기업이 대거 투입되어 있는 미국 뷰티 퍼스널 케어Beauty Personal Care 카테고리를 빼놓을 수는 없을 것이다. 여기에는 니베아NIVEA, 세타필Cetaphil, 로레알Loreal, 뉴트로지나Neutrogena 등 이름만 들어도 전 세계 누구나 다 아는 글로벌 브랜드들이 있다. 어떤 브랜드가 1위를 해도 이상하지 않지만 놀랍게도 뷰티 퍼스널 케어 카테고리의 1위는 상대적으로 이름조차 생소한 히어로 코스메틱스Hero Cosmetics다. 다른 빅브랜드를 제치고 당당하게 1위를 차지한 이 브랜드가 아마존에서 5년 전에 첫 론칭한 브랜드라면 믿을 수 있을까?

지금부터 미국을 가장 잘 이해하고 있고, 그렇기 때문에 아마존에 론칭한 히어로 코스메틱스의 경쟁력에 대해서 알아보자.

Mighty Patch Original from Hero Cosmetics - Hydrocolloid Acne Pimple Patch for Covering Zits and Blemishes, Spot Stickers for Face and Skin, Vegan-friendly and Not Tested on Animals (36 Count)

Visit the Mighty Patch Store

4.5 ★★★★☆ · 124,284 ratings

Climate Pledge Friendly

#1 Best Seller in Beauty & Personal Care

-8% $11.97 ($0.33 / Count)

List Price: $13.00

No Import Fees Deposit & $7.57 Shipping to Republic of Korea Details

Available at a lower price from other sellers that may not offer free Prime shipping.

Size: 36 Piece Assortment

Brand	Mighty Patch
Item Form	Sheet
Product Benefits	Blemishes Treatment
Scent	Unscented
Material Type Free	Propylene Glycol Free, Paraffin Free, Alcohol Free, Paraben Free, Formaldehyde Free

About this item

- 🏆 The Original Award-Winning Acne Patch: Mighty Patch is a hydrocolloid sticker that improves the look of pimples overnight without the popping. Just stick it on, get some sleep, and wake up with clearer-looking skin.
- ⏱ Results in 6-8 Hours: Absorbs pimple gunk thanks to our medical-grade hydrocolloid. Clinically tested, drug-free, and safe for all skin types.
- 🛏 All-Night Adhesion: Strong enough to stay on through a whole night of tossing, turning, and pillow-squishing. Easy to remove in the AM without redness or irritation.
- 💧 Blends Seamlessly into Skin: The thin sticker with a translucent matte finish keeps your pimple under wraps day or night. You might just forget you're even wearing it.
- 🔖 Peace-Of-Mind Design: Our hydrocolloid patches are UV sterilized, and allergy tested. Each box comes with 36 medium dots (12 millimeters) on easy-peel perforated sheets.

› See more product details

#1

Mighty Patch Original from Hero Cosmetics - Hydrocolloid Acne Pimple Patch for Covering Zits and Blemishes, Spot Stickers for Face an...

★★★★☆ 102,010

$12.99

a B005G9E9DY

Variations	Sellers	Fulfillment
11	17	AMZ

#2

Skittles & Starburst Fun Size Variety Mix, Bulk Candy for Easter Eggs, 39.1-Ounce 90 Pieces

★★★★☆ 266,577

$4.42 - $17.98

B0B9GW58FC

Variations	Sellers	Fulfillment
2	4	MERCH

#3

Neutrogena Makeup Remover Cleansing Face Wipes, Daily Cleansing Facial Towelettes to Remove Waterproof Makeup and Mascara,...

★★★★★ 93,949

$8.99 - $30.00

a B00AINMFAC

Variations	Sellers	Fulfillment
1	76	AMZ

#5

NYX PROFESSIONAL MAKEUP Mechanical Eyeliner Pencil, Aqua Green

★★★★☆ 82,828

$2.79 - $15.40

#6

Acne Foaming Wash, 1 Pack - 5.5 Oz

$8.00 - $49.99

#7

Nizoral Anti-Dandruff Shampoo, Basic, Fresh, 7 Fl Oz

★★★★☆ 70,565

$14.50 - $42.84

■ 아마존에서 로레알, 뉴트로지나 같은 빅브랜드를 제치고 판매 1위를 기록하고 있는 히어로 코스메틱스

한국에는 있지만 미국에는 없는 것

히어로 코스메틱스는 '여드름 패치' 하나로 미국 뷰티 퍼스널 케어 1위 브랜드가 되었다. 미국계 한국인 CEO 주 류Ju Rhyu는 한국을 방문했을 당시 한국 사람들이 얼굴에 스티커를 붙이고 다니는 것에 의아함을 느꼈다. 그것이 스티커가 아니라 '여드름 패치'이고 한국에서는 이미 많은 사람들이 사용하는 뷰티 상품이라는 것을 알게 된 그녀는 여러 종류의 패치를 구매해 직접 사용해 봤고 놀라운 효과를 보았다. 그녀는 여드름 패치가 피부 트러블이 많은 백인들에게도 필요한 아이템이라고 확신했다. 그 즉시 제품 개발에 돌입해 2017년 미국에서 단일 제품으로 히어로 코스메틱스를 창업하고 아마존에 론칭했다.

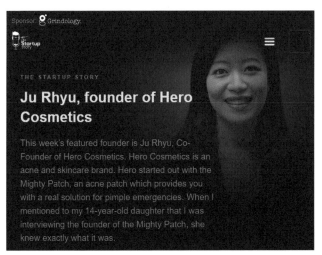

Sponsor: Grindology.

THE STARTUP STORY

Ju Rhyu, founder of Hero Cosmetics

This week's featured founder is Ju Rhyu, Co-Founder of Hero Cosmetics. Hero Cosmetics is an acne and skincare brand. Hero started out with the Mighty Patch, an acne patch which provides you with a real solution for pimple emergencies. When I mentioned to my 14-year-old daughter that I was interviewing the founder of the Mighty Patch, she knew exactly what it was.

■ 주 류가 창업한 히어로 코스메틱스는 여드름 패치 하나로 아마존에서 가장 짧은 시간 안에 큰 성공을 거둔 브랜드로 평가받고 있다.

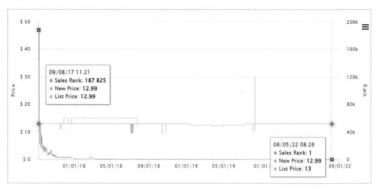

09/08/17 11:21
● Sales Rank: 187 825
● New Price: 12.99
● List Price: 12.99

08/05/22 08:26
● Sales Rank: 1
● New Price: 12.99
● List Price: 13

■ 2017년에 랭킹 187825로 시작하여 2022년에 카테고리 1위에 올라선 히어로 코스메틱스

블루오션보다 레드오션

이커머스 시장에 뛰어드는 초보 판매자들은 흔히 '이 세상에 없는 특별한 무언가'를 판매해야 한다고 생각한다. 이미 치열한 레드오션보다 잘 알려지지 않은 블루오션에 승산이 있다고 생각하는 것이다. 하지만 레드오션은 경쟁이 치열한 만큼 소비자가 몰려 있는 곳이기도 하다. 때로는 세상에 없는 새로운 것을 창조하는 것보다 기존 시장의 빈틈을 파고드는 것이 좋은 결과를 가져온다. 그리고 그 기회는 낯선 시장에 숨어있다.

여드름 패치는 국내에는 보편화돼 시장이 활성화돼 있지만 미국, 유럽 등 해외에는 알려지지 않은 상태였다. 히어로 코스메틱스는 이런 빈틈을 잘 포착했다.

현재 히어로 코스메틱스의 여드름 패치 판매량은 한 달에 9만 8,679개로 예상되며, 단일 제품으로만 128만 1,840달러(약 16억 원)의 매출을 올리고 있다. 히어로 코스메틱스는 여드름 패치 말고도 지

# ▲	Product Details	⇕	ASIN	⇕	Brand	⇕	Price ⇕	Sales ⇕	Sales Graph ☑	Revenue	⇕
1	⚑ 🅟 Mighty Patch Original from Hero Cos...		B074PVTPBW		🅜 Mighty Patch		$12.99	98,679		1,281,840.21	

■ 한 달 안에 약 16억 원의 매출을 올리며 미국 시장에서 돌풍을 일으키고 있는 히어로 코스메틱스의 여드름 패치

속적으로 아이템 확장 중에 있으니, 아마존에 론칭한 브랜드 중에서 가장 짧은 시간 안에 큰 성공을 거둔 브랜드가 될 것이다.

단일 제품 판매 시 최대 효과를 누리는 법

단일 제품을 판매할 때는 아마존 같은 오픈마켓을 이용하는 것이 최소 비용으로 최대 효과를 누리는 방법이다. 주 류는 한 팟캐스트에서 아마존에 제품을 론칭한 이유에 대해 이야기한 적이 있다. 첫 번째는 아마존의 수억 명 소비자에게 바로 접근할 수 있다는 점, 두 번째는 초기 스타트업을 운영하는 데 자체몰을 생성하지 않아도 된다는 점 때문이라 밝혔다.

브랜드를 론칭해 매장을 오픈하거나 자사몰에서 제품을 판매하려면 제품 한 개로는 부족하다. 또한 매장이나 자사몰 홈페이지를 오픈하고 운영하는 데는 인원과 비용이 든다. 아마존에서는 초보자도 상품만 있다면 손쉽게 제품을 판매할 수 있고 비용을 들이지 않고도 수많은 소비자에게 제품을 노출시킬 수 있으니 초기 사업자에게 좋은 선택지인 셈이다. 줄일 수 있는 비용을 최대한 줄이고 아낀 비용을 광고 등 다른 곳에 사용하는 것이 훨씬 현명한 선택이다.

히어로 코스메틱스는 아마존에서 단일 제품 마이티 패치^{Mighty} ^{Patch}의 첫 물량 MOQ(최소 주문 수량)인 1만 개를 3개월 만에 완판시 켰다. 오직 자체 광고 시스템인 아마존 PPC 광고만으로 이룬 성과 였는데, 주 류는 이를 K-뷰티의 트렌드와 맞물렸기 때문이라 평가했 다. 가령 K-뷰티처럼 타깃과 니즈가 확실한 제품은 아마존 키워드 타깃 광고를 통해서 미국 이커머스 점유율 1위 트래픽을 100% 활용 하여 제품 판매를 D2C 몰이나 다른 오픈 플랫폼보다 훨씬 높일 수 있다는 장점이 있다.

이후 히어로 코스메틱스는 2019년에 한 번 더 큰 도약을 위해 SNS 마케팅에 많은 에너지를 쏟았다. 핵심 소비자층인 여드름이 많 이 나는 청소년기 학생들이 그 대상이었다. '겟 레디 위드 미^{Get Ready} ^{With Me}'라는 프로모션으로 틱톡에서 청소년들에게 인기 높은 20명의 크리에이터와 '#schoolsurvivalkit'라는 해시태그 동영상 캠페인을 진

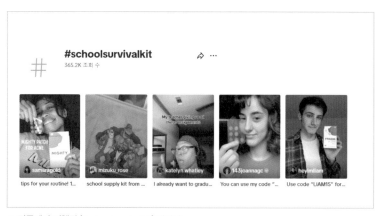

■ 틱톡에서 진행된 '#schoolsurvivalkit' 캠페인

행한 것이다. 또한 '.edu'로 끝나는 이메일 주소를 가진 학생들에게 무료 여드름 패치를 배포하는 캠페인도 진행했다. 이를 통해 히어로 코스메틱스는 매출 목표를 2배로 끌어올렸다.

글로벌시장에 진출하고 싶다면

BTS, 손흥민, 영화 〈기생충〉, 넷플릭스 시리즈 〈오징어 게임〉 등은 각 분야에서 뛰어난 성적을 얻으며 K-문화에 대한 글로벌 위상을 높였다. 한국에 대한 세계인들의 관심이 높아지면서 해외시장에 진출하려는 한국 브랜드들 또한 많아지고 있다. 글로벌시장을 무대로 할 때는 각 나라의 문화를 잘 이해하는 것이 무엇보다 필요하다. 그중에서도 특히 미국이라는 시장을 잘 이해해야 한다. 미국시장을 잘 이해한다는 것은 무엇을 뜻할까? 미국의 문화와 미국에 사는 사람들을 잘 이해한다는 뜻이다. 히어로 코스메틱스의 CEO 주 류는 미국에서 태어나고 자랐기 때문에 누구보다 미국을 잘 이해하고 있었다. 이런 이해가 바탕이 되었기 때문에 히어로 코스메틱스의 브랜드 홈페이지와 제품 판매페이지에 한국 화장품 회사들이 놓치는 포인트를 섬세하게 녹여낼 수 있었다.

히어로 코스메틱스의 아마존 브랜드 홈페이지 사진을 보면 다양한 인종의 모델이 등장한다. 미국은 2022년 현재 기준으로 백인 57.8%, 히스패닉 18.7%, 흑인 12.4%, 아시아인 6%로 다양한 인종이

■ 다양한 인종이 제품 모델로 등장하는 히어로 코스메틱스의 홈페이지 사진

모여 사는 국가다. (출처: USATODAY)

즉 다양한 인종이 모두 소비자인 것이다. 한 인종에게 잘 어울리는 제품이 다른 인종에게는 적합하지 않을 수도 있기 때문에 되도록이면 전 인종의 모델을 제품 판매페이지 혹은 브랜드 홈페이지에 등장시켜야 한다. 또한 미백 제품이 아닌 이상 미백whitening, 밝은fair,

환한light, 흰white 등의 단어 사용에 주의를 기울여야 한다. 시장의 특성을 고려해 상품을 홍보하면 구매전환율이 올라가고 반품률이 줄어들 것이다. 특히 피부에 사용하는 제품이라면 이는 옵션이 아닌 필수라고 생각해야 한다.

5

제품보다 더 중요한
마케팅 전략

SeoulCeuticals

제품 패키지에 한글로 '서울'을 새겨 판매하는 화장품 브랜드가 있다. 브랜드명은 서울수티컬즈SeoulCeuticals. 아마존에 진출한 한국 중소기업의 브랜드일 것 같지만 특이하게도 이 브랜드의 생산지는 미국이며, 창업자도 미국인이다. 서울수티컬즈는 왜 패키지에 한글을 썼을까? 그리고 어떻게 치열한 뷰티시장에서 생존할 수 있었을까?

광고 전략을 위한 제품을 만들다

시장 경쟁에서 지지 않으려면 내가 판매하는 제품이 '해당 카테고리에서 가장 많이 팔리는 제품'보다 확실히 나은 장점 한 가지가 있어야 한다. 그것이 제품의 성능이든 디자인이든 창의성이든 가격이든 무엇이든 간에 말이다. 그리고 이 장점을 얼마나 소비자에게 잘

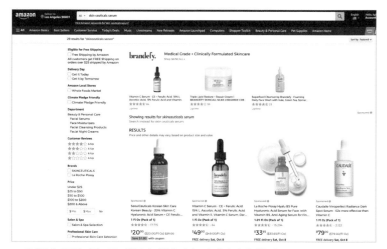

■ 아마존에 스킨수티컬즈를 검색하면 서울수티컬즈가 가장 먼저 나온다.

어필했느냐에 따라 승패가 좌우된다. 제품의 장점을 얼마나 전략적
으로 마케팅하느냐가 중요한 것이다.

그러나 서울수티컬즈는 이런 성공 공식의 순서를 완전히 반대로
접근했다. 상품에 맞는 광고 전략을 정한 것이 아니라, 광고 전략을
두고 그에 맞는 상품을 선정한 것이다. 서울수티컬즈는 아마존의 타
깃 광고 시스템에 주목했다. 아마존 타깃 광고는 목표물로 삼는 경
쟁 제품의 하단부에 노출되는 광고다. 서울수티컬즈는 경쟁 제품을
설정하고 이 제품을 구매하는 타깃을 집중적으로 공략하기로 했다.

경쟁사 소비자를 내 소비자로!

제품 이름에서 눈치를 챘을 수도 있는데 서울수티컬즈가 타깃으

■ 서울수티컬즈(우)가 타깃 상품으로 노린 스킨수티컬즈(좌). 가격면에서 차이가 크다.

로 한 제품은 스킨수티컬즈SkinCeuticals라는 제품이다. 한국에서 일명 '손예진 화장품'으로 불리는 스킨수티컬즈는 전 세계 1위 병원판매용 스킨케어 브랜드로 유명하다. 이 제품은 이미 높은 인지도가 있어 아마존에 해당 제품명을 검색해 방문하는 경우가 많다. 하지만 가격이 부담스럽기 때문에 쉽게 구매로 이어지지 않고 갈팡질팡 고민하다가 '뒤로가기' 버튼을 누르는 사람들이 많은 그런 상품이다.

서울수티컬즈는 이 점을 노렸다. 스킨수티컬즈 판매페이지 방문자 중에서 '뒤로가기 버튼을 누르는 일부'를 공략하는 제품을 만들기로 했다. 검색에 함께 걸릴 수 있도록 제품명을 유사하게 짓고 스킨수티컬즈를 구매하지 않는 가장 큰 이유인 '가격'을 대폭 낮췄다.

만약 당신이 스킨수티컬즈 상품을 보고 있다고 가정해 보자. 30ml짜리 작은 병이 할인을 했는데도 162달러다. 그런데 판매페이지 하단에서 20달러에 쿠폰까지 준다는 서울수티컬즈를 발견한다면 클릭을 안 할 수 있을까?

소비자의 소비심리를 자극하라

스킨수티컬즈 대신 서울수티컬즈를 구매하게 하려면 한 가지 산을 넘어야 한다. '너무 저렴한 것은 효능이 안 좋은 게 아닐까?' 하는 의구심에서 벗어날 수 있어야 한다. '그래도 피부에 닿는 건데 비싼 이유가 있겠지'라고 생각하는 사람들의 마음을 흔들어야 한다.

제품 이름을 서울수티컬즈라고 지은 것과 제품에 '서울'이라는 글자를 새긴 이유가 여기에 있다. 그냥 저렴하기만 하면 의심스러울 텐데 '서울'이라는 이름과 한글을 보며 '아, 착한 가격에 뛰어난 품질과 효과로 유명한 K-뷰티 제품이구나'라는 생각이 들면서 너무 낮은 가격에 대한 의심이 줄어들도록 한 것이다.

'대체제'가 아닌 현명하게 '선택'한 제품

여기서 끝이 아니다. 타깃 광고에 솔깃해 제품을 클릭하게 만들었다면 판매페이지에서 이 제품을 사지 않을 이유가 없음을 알려야 한다. 서울수티컬즈는 '가격 차이가 거의 10배가 나는데 효능에서 당연히 차이가 나겠지'라는 생각을 화장품 효능을 비교하는 실험 이미지로 정면 돌파했다. 단순히 '서울수티컬즈는 스킨수티컬즈와 품질은 동일하지만 가격은 10배 저렴합니다' '서울수티컬즈는 스킨수티컬즈와 동일한 가격에 10배를 더 드립니다'라고 광고하는 것보다 훨씬 신뢰도 있고 임팩트가 강하다.

- 단순히 저렴하고 용량 많은 화장품일 것이라는 소비자의 의구심을 정면 돌파하기 위한 화장품 효능 비교 실험

이는 소비자의 심리를 파고든 영리한 전략이었다. '가격이 너무 비싸니 어쩔 수 없이 저렴한 제품을 구매해야지'가 아니라 '제품 성분이나 효과가 더 뛰어난데 심지어 더 저렴하다니! 이건 현명한 선택이야!'라는 생각이 들도록 유도한 것이다.

이제 서울수티컬즈는 에센스, 세럼, 클렌저, 토너, 크림 등 다양한 제품을 판매하는 브랜드로 성장했다. 처음부터 광고 전략을 세우고 그에 맞는 상품을 만든 덕분에 레드오션이라 불리는 뷰티시장에서 살아남을 수 있었던 것이다. 만약 일반적인 마케팅 전략으로 접근했다면 서울수티컬즈는 그저 저렴한 브랜드, 용량이 많은 브랜드 중 하나로 지금처럼 성공하지 못했을 것이다.

무엇보다 서울수티컬즈는 대대적인 광고를 하지 않고 초기 성장을 만들 수 있었다. 참고로 뷰티 관련 키워드 중 스킨케어, 세럼, 모이스처 등은 광고단가가 워낙 높아 브랜드가 알려지지 않았다면 판매가가 충분히 높아야 버틸 수 있다. 클릭당 10달러까지 가는 경우도 있다. 긍정적으로 구매전환율 20%로 계산해도 광고비 50달러 지출당 1건의 매출이 발생하는 것이다. 하지만 서울수티컬즈는 ASIN^{Amazon Standard Identification Number}(아마존에서 자신들의 상품에 부여하는 10자리의 알파벳과 숫자 조합의 고유 식별자) 타깃 광고로 클릭당 1~2달러 내외에서 광고 클릭율과 전환율을 높였다.

K-뷰티 이미지를 덧씌운 디자인 전략

서울수티컬즈가 한글을 디자인 요소로 사용한 이유는 K-뷰티 제품이 해외에서 인정을 받기 때문이다. 서울수티컬즈의 회장 에이미 로메로^{Amy Romero}는 한국의 스킨케어 제품을 써보고 그 효과를 몸소 경험했다. 그리고 한국 뷰티 제품에 사용되는 인삼 추출물, 달팽이 점액, 녹차 등의 성분을 연구하기 시작했다. 그리고 한국인 여성 개

Key Ingredients
From **Korea!**

Get that **Healthy**
Korean Skin Care
Glow!

■ K-뷰티의 느낌을 살리기 위해 아시아 모델을 사용한 광고 이미지

발자와 함께 브랜드를 론칭했다.

'한국의 아름다움과 한국 스킨케어의 우수성'을 표방하는 서울수
티컬즈는 K-뷰티의 후광을 제품 이름과 디자인에 십분 활용했다. 그
렇게 탄생한 것이 '서울'이란 단어가 새겨진 'SeoulCeuticals'인 것이
다. 서울수티컬즈 광고에는 아시아 모델이 자주 등장하는데 이 또한
K-뷰티 인기에 편승하려는 전략이다.

6

소비자의 마음을 물들인
컬러 마케팅

The Pink Stuff

마케팅 포인트 하나만 잘 잡아서 큰 성공을 이뤄낸 브랜드가 있다. 바로 아마존 가정용 클렌저 카테고리를 핑크빛으로 물들이며 1위로 등극한 핑크 스터프The Pink Stuff다.

가정용 클렌저 카테고리는 집 안 곳곳을 청소할 때 필요한 모든 클렌저가 모여 있는 카테고리다. 아마존에서 경쟁이 꽤 치열한 카테

■ 핫핑크색으로 소비자의 눈길을 사로잡는 핑크 스터프

고리 중 하나인데, 명성이 자자한 클로락스Clorox, 라이솔Lysol, 글리스텐Glisten 등 전통적인 브랜드가 굳건하게 자리매김하고 있기 때문이다. 이 시장에 혜성처럼 등장한 핑크 스터프가 기존 강자들을 제치고 아마존 베스트셀러 배지를 당당하게 유지하고 있다.

시장의 편견을 깨는 반전 포인트

사람들이 클리너에 가지고 있는 이미지가 있다. '깨끗함' '하얀색' '거품' 등이 그것인데, 핑크 스터프 클리너는 하얀색이 아닌 핑크색을 내세웠다. 핑크 스터프는 영국의 청소용품 전문 제조기업에서 만든 제품으로 미국인들에게는 인지도가 거의 없었다. 미국시장에 진

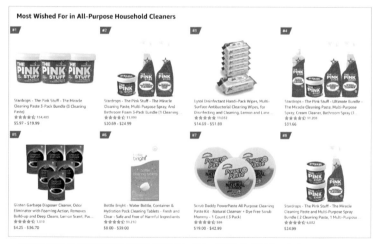

■ 가정용 클렌저 카테고리에서 기존의 브랜드를 제치고 1위를 차지한 핑크 스터프

출했을 때 '핑크색 클리너'는 매우 신선하고 새롭게 인식되었고, 사람들은 '새로 출시된 클리너들 중 하나'가 아니라 '기존의 클리너와 다른 새로운 클리너'로 받아들였다. 최고가 아닌 최초가 되는 마케팅 전략을 구사한 것이다. 핑크 스터프가 최고의 클리너는 아닐 수 있어도 최초의 핑크색 클리너인 것은 확실하다.

기존 시장의 편견을 깨는 포인트 색상 하나로 차별화에 성공한 핑크 스터프는 제품 기획 단계부터 이 점을 염두에 두고 만들었다고 한다. 다른 브랜드에서 소비자의 눈에 띄기 위해 광고 마케팅에 쏟아붓는 돈을 생각하면 얼마나 훌륭한 마케팅 전략인지 알 수 있다.

또한 핑크 스터프는 소위 잘나갈 때도 브랜드의 정체성인 핑크색을 잊지 않고, 추가로 출시되는 모든 제품을 핑크색이라는 브랜드 정체성에 맞게 출시했다. 이를 통해 아마존에서 제공하는 브랜드 스토어조차도 통일성 있게 유지하여 아마존 소비자들에게 브랜드 정체성을 확고히 했다.

■ 추가 출시되는 모든 제품에 핑크색을 적용함으로써 브랜드 정체성을 유지한 핑크 스터프

Amazon Search Terms ○ ☆

Search Terms

Viewing **97** Rows

Department ⓘ	Search Term ⓘ
Amazon.com	pink stuff cleaner
Amazon.com	the pink stuff
Amazon.com	household cleaning
Amazon.com	pink stuff
Amazon.com	the pink stuff cleaning paste
Amazon.com	pink cleaner
Amazon.com	power paste scrub daddy
Amazon.com	pink power paste

■ 아마존 검색어를 보면 핑크 스터프의 제품명이 아닌 '핑크색 그것'을 검색하는 소비자가 상당했음을 알 수 있다.

사실 세제가 흰색이든 핑크색이든 잘 닦이기만 하면 그만이다. 핑크색이 더 잘 닦여서 이 제품을 선택하는 것이 아니라는 뜻이다. 핑크색이 훌륭한 마케팅 포인트였다는 점은 아마존 내부 데이터를 봐도 알 수 있다.

아마존 내부 데이터는 실제로 소비자들이 어떤 키워드로 구매했는지 알 수 있는 지표다. 아마존 검색어를 보면 핑크 스터프를 구매한 소비자들은 'pink cleaner' 'pink paste' 등 핑크 스터프를 제품명이 아니라 '핑크색 그것'이라고 생각하는 소비자들이 상당했다는 점을 알 수 있다. 이처럼 제품의 기능적인 부분이 아니라 마케팅적인 요소 하나를 차별화해 잘 사용하면 강력한 무기가 될 수 있다는 것을 기억하자.

틱톡을 활용한 바이럴 마케팅

그렇다면 핑크 스터프는 최초의 핑크색 클리너라는 마케팅 차별

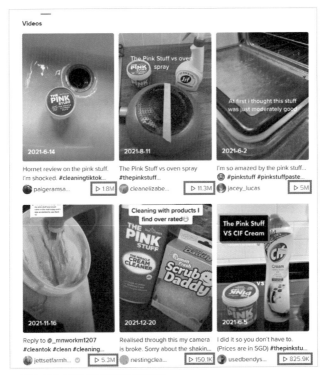

■ 핑크 스터프 사용 후기를 올린 틱토커들

화를 어떻게 효과적으로 아마존 소비자에게 알릴 수 있었을까? 여기에는 그들의 SNS 마케팅이 큰 공을 세웠다.

일단 제품이 핑크색이라는 특징을 가졌다는 것과 기능적으로 세정력이 뛰어나다는 두 가지를 모두 만족시켜야 했다. 그러기 위해선 글보다는 사진, 사진보다는 영상이 효과가 좋았다. 핑크 스터프는 많은 영상 플랫폼 중에서 틱톡을 선택했다. 사실 핑크 스터프는 틱톡으로 뜬 브랜드라고 해도 틀린 말이 아니다. 사람들은 짧은 영상 안에서 핑크색 클리너가 더러운 때가 잔뜩 끼어있는 주방이나 욕조를 깨끗하게 청소하는 영상에 환호했다. 그리고 너도나도 핑크 스터프를 사용한 후기를 찍어서 올리기 시작했다. 물론 제품의 세정력이 뒷받침됐기 때문에 가능했다. 사람들은 눈앞에서 찌든 때가 드라마틱하게 닦이는 모습을 확인했다. 실제로 사용해 본 사람들이 제품의 뛰어난 성능을 인증하니 입소문은 빠르게 퍼졌다.

당연한 말이지만 사람들은 회사에서 만든 광고보다 옆집에서 사용한 후기를 훨씬 더 신뢰한다. 틱톡에서 핑크 스터프를 검색했을 때 나오는 영상 중 6개의 조회수만 합쳐도 2,000만 조회수를 능가하니 핑크 스터프가 얼마나 효과적으로 바이럴 마케팅을 만들어냈는지 알 수 있다. 핑크 스터프USA의 살 페시Sal Pesce 최고운영책임자 겸 의장은 "마케팅 비용을 전혀 쓰지 않고 있으며 어떠한 인플루언서도 고용하지 않았다"고 밝혔다. 참고로 2,000만 트래픽을 아마존 내부 광고로 만들려면 수천만 원을 가지고도 부족하다.

제품 사용 경험을 숨기지 않도록

바이럴 마케팅을 좀 더 효과적으로 하려면 '제품 사용 경험을 숨기지 않을 만한' 혹은 '남들에게 추천할 수 있을 만한' 근거가 뒷받침되어야 한다. 제품의 좋은 성능은 당연한 것이고, 그 외의 요소들도 신경 써야 한다. 핑크 스터프에는 '천연 소재'와 '친환경'이 바로 그 요소였다.

핑크색이기 때문에 어쩐지 화학약품이 많이 들어갔을 것 같다고 생각할 수도 있지만, 핑크 스터프는 천연 성분으로 만들었다. 아무리 사람들 눈에 띄고 바이럴 마케팅에 성공했더라도 세정력이 좋지 않거나 독한 화학물질로 만든 제품이었다면 구매는 일회성으로 그쳤을 것이다. 핑크 스터프에 대한 리뷰를 읽어보면 소비자가 그런

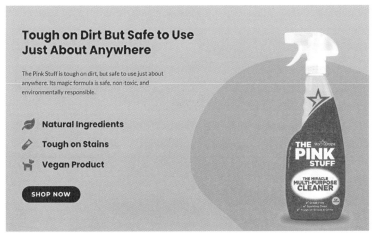

■ '천연 소재'와 '친환경' 제품이라는 점을 내세운 핑크 스터프의 제품설명

■ 친환경, 리사이클 포장재, 동물실험을 하지 않는 제품이라는 점 등 핑크 스터프가 내세우는 홍보 포인트

지점에서 좋은 평가를 내리고 있음을 알 수 있다.

"광고를 보고 구매를 했고 별 기대를 하지 않았는데, 내 눈앞에서 일어난 변화를 믿을 수 없다!"

"그동안 모든 방법으로 시도해 보았지만 모두 실패했는데, 이 제품으로 성공했다."

"청소했을 때 집 안을 가득 채우는 독한 락스 냄새가 전혀 없다."

"눈이 전혀 따갑지 않다."

"냄새에 민감한 사람들도 만족하면서 사용 가능하다."

구매 리뷰를 보면 사람들이 어떤 부분에서 제품에 만족하는지 알 수 있다. 핑크 스터프는 확실한 비포 앤드 애프터로 소비자의 눈을 사로잡은 다음 '무독성' '천연 성분' '저자극' 등 인체에 무해하다는 점으로 소비자들을 만족시켰다.

게다가 전 세계적인 시대의 흐름에 맞게 '친환경environmentally responsible' '리사이클 포장재Recyclable Packaging' '동물실험을 하지 않은 Cruelty Free' 등 환경을 생각한 제품이라고 하니, 소비자 입장에서 이 제품을 구매하지 않을 이유가 없는 것이다. 소비자가 '이 제품을 내 지인에게 당당하게 추천할 수 있나?'라고 생각해 볼 때 어떤 포인트를 홍보하고 강조할 것인지 분명해진다.

7

다수의 고민은 돈이 된다

Bakblade

아마존에서 가장 성공률이 높은 아이템은 '누군가의 문제(고민)를 해결해 주는 아이템'이다. 백블레이드Bakblade 제품은 미국 남성들의 '구원템'이라고 불리는 제품으로, 등에 난 털을 면도해 주는 등면도기다.

국내 소비자들은 '등털을 밀 수 있는 면도기가 과연 얼마나 판매될까?'라고 생각하겠지만 백블레이드의 판매량과 매출을 보면 기우에 불과하다는 걸 알 수 있다. 2023년 기준 아마존 소프트웨어로 확인해 보면 백블레이드는 대략 매월 4,000개가 판매되며 20만 달러(약 2억 6천만 원)이 넘는 매출을 이어가고 있다. 이 수치를 보면 생각보다 훨씬 많은 남성들이 등털을 고민하고 있다는 사실을 알 수 있다.

뜻밖의 수요를 잡아라

백블레이드는 '등털 제거'라는 고민을 해결해 주는 제품인 동시에 뜻밖의 수요를 잘 파악해서 성공한 경우라고 할 수 있다. 고민을 해결해 주는 제품이더라도 '고민을 가지고 있는 사람'이 적다면 판매를 올리기 어렵다. 그렇다면 제품에 대한 수요는 어떻게 파악할 수 있

Keyword Phrase ⬍	Search Volume ⬍
back ↗ a	10.474
back shavers for men ↗ a	9.524
back shaver ↗ a	5.271
ball shaver ↗ a	2.834
mens grooming kit for manscaping ↗ a	2.829
men's shaving & hair removal products ↗ a	2.693

Search Terms

Viewing **7** Rows

Department ⓘ	Search Term ⓘ	Search Frequency Rank ⓘ ▲
Amazon.com	bakblade	246,414
Amazon.com	back hair removal for men	573,309
Amazon.com	backblade	718,164
Amazon.com	bakblade 3.0 for men	731,360
Amazon.com	bak blade	926,834
Amazon.com	bakblade 2.0	1,136,870
Amazon.com	backblade 3.0	1,151,505

■ 'back shaver' 'back hair removal for man' 등의 검색량을 통해 등에 난 털 때문에 고민하는 사람들이 많다는 걸 알 수 있다.

을까? 바로 키워드 검색이다.

아마존 검색량을 보면 'back shavers for men' 'back shaver' 등 등털과 관련된 키워드 검색량이 상당하다는 것을 알 수 있다. 등면도기라는 제품을 모르는 상태에서 고민 해결을 위해 검색해 보는 키워드 검색량으로 수요를 가늠해 볼 수 있다. 아마존에 진출할 때는 무엇보다 데이터적인 접근이 중요하다. 아마존 내부에서 제공하는 브랜드 애널리틱스brand analytics라는 데이터와 외부 아마존 사업 툴의 도움을 받아 내가 진입하려는 시장의 키워드 조사, 혹은 전반적으로 광범위한 키워드 조사를 통해 누군가의 고민이 엿보이는 키워드를 찾고 해당 시장에 어떤 아이템이 진출되어 있는지 확인 후 해당 아이템의 불편한 점을 개선하여 나만의 브랜드로 입점시킨다면 성공 확률을 끌어올릴 수 있다.

직설적인 이미지를 통한 강한 광고 효과

서양 남성들은 털이 많아 그로 인한 스트레스도 크다. 빠르게 자라나는 털을 왁싱으로 제거하지만 비용, 시간, 돈이 든다. 무엇보다 털을 뽑을 때 고통이 따른다. 백블레이드는 이런 문제를 해결하기 위해 등장한 브랜드다. 그리고 이런 브랜드의 정체성을 사진 한 장에 담았다.

사진만 봐도 한눈에 알 수 있듯이 백블레이드에서 만든 면도기

■ 백블레이드 제품의 정체성이 잘 담긴 홍보용 사진

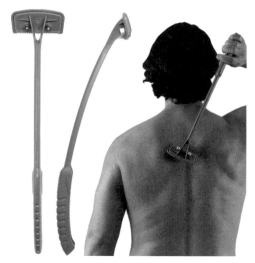

■ 타사의 등면도기 홍보용 사진

를 사용하면 등에 난 털을 손쉽게 제거할 수 있다. 이 사진이 왜 좋은 사진인지 타사의 제품 사진과 비교해 보면 더욱 명확하게 알 수 있다. 타사의 제품 사진을 보면 매끈한 등을 가진 사람이 등면도기

■ 고급스럽고 세련된 이미지를 추구하는 홍보 영상 예시

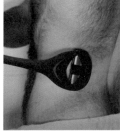

■ 백블레이드를 사용하면 고릴라도 사람이 될 수 있음을 직설적으로 표현한 홍보 영상

를 사용하는 모습이 담겨있다. 하지만 사진만 봐서는 제품의 용도가 등을 긁는 효자손인지, 때를 미는 때밀이인지 알 수 없다. 사진만으로는 제품의 용도가 명확하게 전달되지 않아 추가 설명이 필요하다. 반면 백블레이드의 이미지는 등면도기라는 제품의 뚜렷한 목적성을 지키고 있다. 수북한 털이 매끈하게 제모되는 모습을 직설적으로 표현함으로써 평소 등털이 고민인 사람들에게 이 제품을 사용하면 고민을 해결할 수 있다는 사실을 전달하는 것이다.

아마존 판매자가 꼭 알아야 하는 것 중에 하나는 직설적으로 표현하는 것이 에둘러서 세련되게 설명하는 것보다 더 잘 통하고 더 많은 판매로 이어진다는 사실이다.

브랜드 이미지를 위해 고급스럽고 세련된 느낌을 추구하는 것은 중요하다. 그러나 일부 제품의 경우, 특히 '고민 해결' 아이템의 경우 '고민이 해결되는' 직설적인 이미지로 판매 포인트를 맞추는 것이 매우 중요하다. 만약 브랜드 이미지도 살리고 싶다면 브랜드 이미지용 광고와 소비자의 구매 욕구를 자극하는 직설적인 광고 두 가지를 동시에 가져가는 방법도 있다. 하지만 이 경우 소비자 인식이 분산되며 광고를 두 배로 해야 한다는 단점이 있다.

직관적이고 창의적인 동영상으로 어필하라

백블레이드의 마케팅 포인트는 '직설적'이라는 점이다. 이는 제품 사진뿐 아니라 동영상에서도 제대로 표현된다. 등에 난 털이 가장 많이 노출되는 곳은 어디일까? 바로 여름 해변가다. 백블레이드는 이 해변가로 찾아가 남성들을 인터뷰하는 형식으로 동영상을 제작해서 아마존에 업로드해 놓았다.

영상 속에서 백블레이드는 남성들에게 제품을 직접 테스트해 보는 생생한 현장을 영상에 그대로 담았다. 생각보다 많은 소비자들이 사용 설명이나 효과 등을 세세하게 읽지 않기 때문에 영상 자료는 정보 전달에 좋은 수단 중 하나다. 특히 고민 해결템의 경우 제품설명 내 문자나 이미지보다 동영상이 더욱 강력한 마케팅 효과를 발휘한다. 영상은 기본적으로 사진보다 현장감이 느껴지기 때문에 신뢰

■ 제품이 가장 필요한 최적의 장소를 찾아가 직설적으로 제품을 홍보하는 백블레이드의 동영상

성이 높다. 또 영상 자체가 주는 몰입도도 높다. 이미지는 잠깐 보면 그만이지만 영상은 재생되고 소비자가 응시하는 동안 충분히 메시지를 전달할 수 있다.

이러한 영상은 요즘 활발한 SNS 광고에도 활용하기 좋다. SNS 특성상 텍스트보다 영상의 파급력이 더 높은데, SNS는 연령, 성별, 주제, 키워드별로 정교하게 노출 타기팅이 가능해 기존 매체 광고보다 효과가 뛰어나다. 이런 차이에서도 마케팅적으로 어떻게 접근해야 할지 포인트를 잡을 수 있다.

세세한 부분을 놓친다면 반대로 많은 것을 담으려 하지 말고 직설적으로 표현하는 데 초점을 맞춰보길 바란다. 제품을 새로운 시선으로 바라볼 때 마케팅적 차별화도 시작될 수 있다. 백블레이드처럼 솔직함으로 승부를 보는 것도 홍보 전략의 하나일 것이다.

8

돈 되는 키워드를 찾아라

Rainbow Socks

'세상의 모든 것을 판다'라는 말처럼 아마존에서 판매하는 제품의 수는 어마어마하다. 그 안에서 한 가지 제품을 돋보이게 한다는 것은 쉬운 일이 아니다. 그것이 흔한 제품 중의 하나라면 더더욱 그렇다. 하지만 레인보우 삭스Rainbow Socks는 이런 한계를 뛰어넘어 멋지게 성공한 브랜드다.

■ 레인보우 삭스의 피자양말 메인 이미지

레인보우 삭스의 피자양말 사진을 보면 '양말을 판다면서 왜 피자 사진을 올렸지'라고 생각할 수 있다. 피자 박스에 담긴 양말의 모습이 피자와 닮았기 때문이다.

혹자는 '누가 이런 양말을 살까?'라고 생각하거나 '정말 소수의 사람들만 구매하겠지'라고 생각할 수도 있지만, 그 무대가 국내가 아닌 2억 명 정도의 프라임 멤버를 보유한 아마존이라면 이야기가 달라진다. 지금부터 쉽게 이해되지 않는 이 피자양말이 아마존에서 성공할 수 있었던 세 가지 이유를 소개한다.

소규모 키워드를 공략하라

이커머스 플랫폼에서 판매하려는 제품의 카피라이팅과 키워드는 매우 중요한 마케팅 요소다. 역설적으로 이야기하면 카피라이팅과 키워드를 놓쳐서는 성공할 수 없다는 뜻이기도 하다. 레인보우 삭스의 피자양말도 이 부분에서 뛰어났다.

만약 당신이 양말을 판매한다면 어떤 키워드로 승부를 봐야 할까? 양말, 스포츠 양말, 남자 양말, 여자 양말 같은 키워드가 일반적으로 떠오를 것이다. 하지만 피자양말이 노린 키워드는 'funny socks' 'fun socks' 두 가지다. 레인보우 삭스가 이 시장을 공략한 이유는 키워드 검색량에 있다. 'funny socks'의 연간 검색량은 무려 43만 7,574회다. 소비자가 매달 3만~4만 번씩 검색한다는 뜻이다. 레

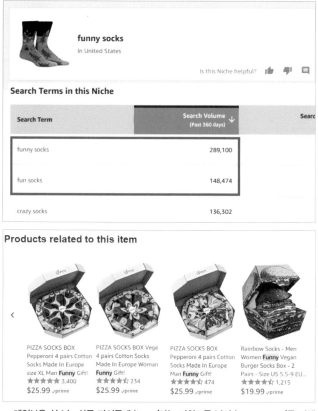

- 레인보우 삭스는 상품 타이틀에 'funny'라는 키워드를 넣어 'funny socks'를 검색하는 소비자의 검색어에 걸리도록 마케팅 전략을 세웠다.

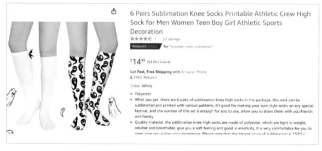

- 피자양말과 달리 타 브랜드 양말의 타이틀에서는 'funny'라는 키워드를 찾을 수 없다. 이것이 레인보우 삭스의 피자양말과 타 브랜드의 차별점이다.

인보우 삭스는 모든 제품의 타이틀에 집요하게 'Funny'라는 키워드를 집어넣었다.

유령이 프린트된 타 브랜드의 양말 판매페이지를 살펴보면 타이틀 설명에 'funny'라는 키워드가 존재하지 않는다. 공짜로 매달 3만 번 노출될 수 있었던 기회를 키워드 하나로 놓친 것이다.

키워드의 기대효과를 최대치로 끌어올려라

레인보우 삭스는 많은 소비자가 찾는 공략 키워드를 설정하고, 그 키워드의 느낌을 사진, 콘텐츠, 카피라이팅 등 마케팅 전반에 일관성 있게 녹여냈다. 키워드를 KBF^{Key Buying Factor}(구매 고려 요소)에 잘 녹여내는 것은 공략 키워드를 정하는 것만큼 매우 중요한 일이다. 공략 키워드의 검색 결과에서 살아남아 구매로 이어져야 하기 때문이다.

아마존에서 'funny socks'를 검색해 보자. 각양각색의 웃긴 양말들이 나올 것이다. 그리고 당연하게도 모두 '양말'의 모습을 하고 있을 것이다. 그중에 양말이 아닌 모습의 검색 결과가 있다면 어떨까? 단연 눈에 띌 것이다.

레인보우 삭스는 이 점을 놓치지 않았다. 양말이 어떻게 보이는지에 신경 썼다. 피자양말이 '진짜 피자'처럼 보이도록 만든 것이다. 그 결과 특이하고 재밌는 양말을 찾기 위해 'Funny Socks'를 검색한

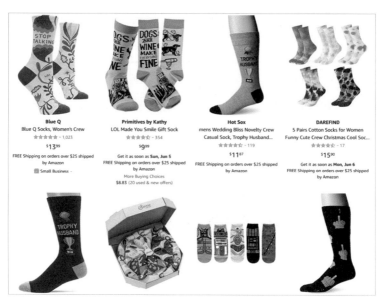

■ 일반적인 디자인의 양말 사이에서 시선이 집중되는 레인보우 삭스의 피자 박스

소비자라면 클릭할 수밖에 없는 메인 이미지가 탄생했다.

만약 피자양말의 메인 이미지가 다른 제품들과 동일했다면 결과는 완전히 달랐을 것이다. '웃긴' 피자양말이 아니라 '피자' 패턴 양말이 되는 것이다. 어쩌면 사소해 보이는 요소 하나가 성공과 실패를 가른다.

언제나 그렇지만 좋은 마케팅을 하려면 더 세심해야 한다. 같은 제품도 '키워드를 검색한 소비자의 기대심리를 얼마나 충족했느냐'에 따라 베스트셀러가 될 수도, 여러 양말 중 하나가 될 수도 있는 것이다.

■ 피자 박스를 메인 이미지로 쓰지 않았다면 레인보우 삭스의 제품은 여러 패턴의 양말 중 하나로 보였을 것이다.

성공하려면 제품 디자인부터 이미지, 영상, 카피라이팅 등 모두 마케팅적 관점으로 접근해야 한다. 레인보우 삭스는 피자양말의 제품설명도 재미있고 크리에이티브하고 센스 있게 풀었다. 피자양말의 판매페이지는 다른 양말들과 확연히 다르다. 디자인, 컬러 등 제품의 다양한 옵션을 단순히 컬러, 패턴, 디자인 등으로 구분하지 않고 피자 레스토랑 '메뉴판'처럼 만들고, 제품 이름도 페퍼로니, 하와이안, 이탈리안 등 피자 이름으로 지었다.

"직접 굽지 않아도 됩니다(You Don't Have to Bake It on Your Own)"라는 카피라이팅도 양말 제품과는 어울리지 않는 표현이지만, 피자양말에는 더할 나위 없이 어울리는 문장이다. 소비자를 피식 웃게 만드는 'Fun'한 느낌을 제품 소개 전반에서 잘 어필했다.

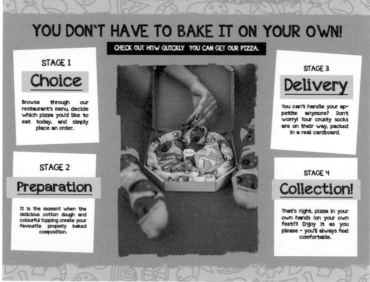

■ 양말 옵션을 피자 레스토랑의 메뉴판처럼 만들고 양말 이름도 피자 이름으로 지어 재미를 준 레인보우 삭스의 판매페이지

아마존 베스트셀러의 마케팅 법칙

단순 제품을 넘어서 브랜딩하라

　정리하자면 레인보우 삭스의 피자양말이 유통 공룡 아마존에서 리뷰 1만 개를 넘게 받고 특별한 경쟁 없이 꾸준히 팔리는 성공적인 제품이 되는 이유는 첫째, 키워드 조사를 잘했고, 둘째, 키워드에 대한 기대효과를 충족시키는 KBF를 구성했기 때문이다. 하지만 여기에서 멈춰서는 안 된다. 모든 비즈니스가 그렇듯 잘 팔리는 것도 중요하지만 꾸준하게 판매하는 것이 더 중요하다. 소비자들의 만족도

■ 소비자 이탈을 막기 위해 레인보우 삭스가 선보인 햄버거, 맥주, 피클, 도시락 양말

를 높여 지속적으로 선택받기 위해서는 브랜드의 포지셔닝이 굉장히 중요하다. 브랜드 이미지를 제대로 확실하게 구축하면 소비자가 먼저 찾아온다.

레인보우 삭스는 이 점을 완벽히 이해했다. "재미와 큰 웃음을 보장합니다(Fun and lots of laughter guaranteed)"라는 제품설명처럼 레인보우 삭스는 '평범한 일상에 재미와 놀라움을 선물하는 것'을 목표로 한다.

레인보우 삭스의 다른 제품들을 살펴보자. 이들 역시 패키지를 차별화함으로써 한 차원 높은 재미와 크리에이티브를 소비자들에게 선사하고 있다. 햄버거, 맥주, 피클, 도시락 등 보는 순간 웃음이 나서 친한 지인에게 가볍게 선물하기 좋은 아이템들이다. 소비자들이 어떤 목적으로 레인보우 삭스의 제품을 찾는지, 레인보우 삭스에 무엇을 기대하고 바라는지 완벽히 이해하고 있다는 뜻이다.

이제 소비자들은 '이번엔 또 얼마나 기발하고 재미있는 제품을 선보일까?'라고 기대하며 레인보우 삭스의 새로운 제품에 열광한다. 2023년 현재에도 '선물하기 좋은 가성비 아이템' '독특하고 기발한 선물 추천' 등의 기사와 블로그에 레인보우 삭스의 피자양말은 꾸준히 소개되면서 재미있는 선물이 필요할 때 생각나는 브랜드로 자리매김하고 있다.

마케팅에서 유머가 가지는 힘

아마존에서는 '유머러스'한 제품이 꽤 잘 먹힌다. 대표적인 사례로 카소프Casofu의 부리또 담요가 있다. 매달 대략 2만 개 정도 판매되고 50만 달러(약 6억 원) 정도의 월매출을 자랑하는 담요 카테고리 베스트셀러다. 그저 웃긴 아이디어를 실현한 아이템으로 우습게 볼 매출이 아니라는 점은 분명하다.

마케팅에서 유머는 효과적으로 제품을 인지시키고 사람들의 기억에 오래 남을 수 있는 요소다. 부리또에 말린 모녀 콘셉트의 유쾌한 사진 한 장으로 카소프의 담요가 강렬하게 기억되는 것처럼 말이다. 부리또 담요는 제품의 코믹함 자체가 소구점이 되어 사람들에게 재치 있는 선물용으로, 또는 단순 SNS 유머용으로 널리 퍼졌다.

여기에는 패키지도 한몫했다. 마치 실제 부리또를 포장한 것처럼 포일로 제품을 포장한 것이다. 이런 유머는 북미쪽 유머코드와 잘 부합하는데, 실제로 많은 소비자들이 리뷰에 패키지 자체를 올려 재

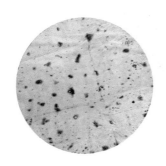 

■ 카소프의 부리또 모양의 담요. 담요를 덮고 있으면 부리또에 감싸진 것처럼 보인다.

View Image Gallery

MasterTech

★★★★★ **This thing is awesome!**

Reviewed in the United States on January 30, 2022

Bought this for my boyfriend's son's girlfriend who i don't know very well. She's 20 and we went out for tacos when we met her. She was very sweet and i wanted to get her something personal for Christmas since i was in charge of finding a gift. I bought this because it's something i would have loved getting myself and i know she loves tacos as much as i do. I wrapped it up to look like a burrito and she didn't even want to unwrap it lol. Huge hit. I'm still debating on getting myself one.Very soft. I washed it before giving it to her so that it wasn't all wrinkly. I was worried it would be too yellow but it was a perfect shade and I'm glad i went with it rather than the regular one. Not that i have it to compare but I'm happy with my choice.

Images in this review

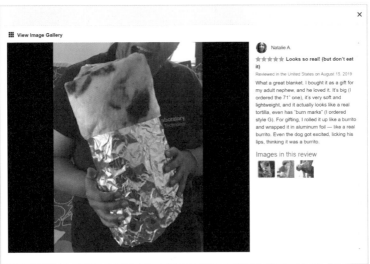

View Image Gallery

Natalie A.

★★★★★ **Looks so real! (but don't eat it)**

Reviewed in the United States on August 15, 2019

What a great blanket. I bought it as a gift for my adult nephew, and he loved it. It's big (I ordered the 71" one), it's very soft and lightweight, and it actually looks like a real tortilla, even has "burn marks" (I ordered style G). For gifting, I rolled it up like a burrito and wrapped it in aluminum foil — like a real burrito. Even the dog got excited, licking his lips, thinking it was a burrito.

Images in this review

■ 포일로 포장한 부리또 담요 패키지를 이용해 유머러스한 장면을 연출하는 소비자들

■ 부리또의 모든 제품 사진에는 어린아이가 등장한다.

미있는 장면을 연출하는 것을 볼 수 있다. 이 패키지 이미지가 확산
되면 구매전환율에도 긍정적인 영향을 끼칠 수 있다.

한 가지 중요한 팁을 소개하자면, 부리또 담요의 성공에서 눈여
겨봐야 할 점은 부리또 담요의 카테고리다. 현재 부리또 담요는 '어
린이 침대용 담요Kids' Bed Blankets'에서 상위 랭크에 속한 아이템이다.
아마존에서 판매할 때는 카테고리가 매우 중요한데, 이는 광고를 실
행할 경우 가장 기초적인 노출의 근거가 되기 때문이다. 어떤 카테
고리에 속했는지에 따라서 경쟁하는 아이템도 달라진다. 부리또 담
요는 '어린이 침대용 담요'라는 카테고리를 공략하면서 처음부터 웃
긴 아이디어의 타깃층을 어린이로 좁히며 빠르게 상위에 랭크될 수
있었다.

9

아이디어 제품의
최적의 홍보 방법

Cocktail Cards

반짝이는 아이디어 하나로 창업해서 인생이 바뀐 경우가 있다면 믿을 수 있을까? AJ는 10년 동안 바텐더로 근무했지만 팬데믹 때문에 실직하고 말았다. 이 때문에 그의 단골 손님들이 칵테일 바에 올 수 없게 되었고, 어떻게 하면 칵테일을 만들 수 있는지 AJ에게 많은 문의를 했다고 한다. AJ는 이런 상황을 이용해 본인의 칵테일 레시피를 담은 카드를 만드는 아이디어를 떠올렸다. 이 아이디어 제품이 지금의 칵테일 카드^{Cocktail Cards}다.

■ 100가지 칵테일 레시피가 담겨있는 칵테일 카드의 제품

이 카드 하나로 AJ는 아마존에서 1년 동안 무려 51만 4,131달러(약 6억 7,000만 원) 매출을 올렸다. 이는 단일 아이템으로는 성공적인 결과다.

아마존에 제품을 론칭하기에는 초기 자본금이 많지 않았던 AJ는 미국 크라우드 펀딩 사이트인 인디고고indiegogo를 떠올렸다. 펀딩을 통해 칵테일 카드의 제품을 원하는 지지자들로부터 비용을 확보하겠다는 계획이었다.

무자본으로 가능한 1인 창업, 크라우드 펀딩

크라우드 펀딩 사이트는 일반적인 쇼핑몰과 달리 새로운 제품에 대한 관심도가 높은 얼리어댑터 성향의 소비자들이 많이 몰려있다. 시장에 나와 있는 기성품에 비해 차별적인 요소가 있다면 이들은 열렬히 반응한다. 일반 제품 설명보다 더 길고 자세해도 흥미가 있다면 기꺼이 읽어준다.

크라우드 펀딩에서 성공할 경우 이 또한 마케팅 포인트로 활용할 수 있다. 뿐만 아니라 크라우드 펀딩을 통해 제품에 대한 이해와 경험을 가진 소비자들과 소통하며 부족한 부분을 다듬고 개선한다면 다른 플랫폼에서도 좋은 결과를 기대할 수 있다. 칵테일 카드는 코로나 상황에서 칵테일 소비자들의 흥미를 충분히 자극했고, 그 결과 펀딩 또한 성공적으로 진행됐다.

■ 칵테일 카드를 창업한 AJ는 초기 자본금이 많지 않았기 때문에 크라우드 펀딩을 통해 자본금을 확보했다.

홈페이지보다 실용적인 SNS 활용

인터넷상에서 제품을 판매할 수 있는 독립적인 홈페이지를 만드는 것은 일반적인 마케팅 전략 중 하나다. 하지만 AJ는 홈페이지를 만든 것이 아니라 특이하게도 틱톡에 동영상을 꾸준히 올렸다. 칵테일을 만드는 방법부터 시작해 칵테일 카드를 론칭하는 1인 창업 스토리를 지속적으로 업로드했다.

칵테일의 매력은 바텐더의 묘기에 있다고 할 수 있다. AJ는 묘기를 직관할 수 없는 온라인의 단점을 '영상'을 통해 보완한 것이다. 화려한 쇼는 당연히 많은 사람들의 관심을 받았다. 틱톡 같은 소셜미디어에서는 재미를 넘어서 개인의 스토리를 통해 가치와 영향력을 공유할 수 있다. AJ의 진정성 있는 창업 스토리는 사람들의 관심으로 틱톡에서 바이럴을 형성하면서 1.5백만 조회수를 달성했다. 덕분에 자연스럽게 제품이 홍보되면서 펀딩 규모도 같이 커졌다.

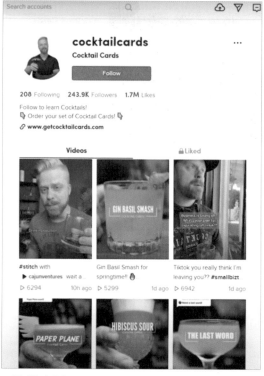

■ 화려한 바텐더 묘기를 올려 바이럴 효과를 얻은 AJ의 틱톡 계정

칵테일 카드의 이런 SNS 마케팅은 매우 현명했다고 볼 수 있다. 칵테일이라는 제품 자체가 소비자의 취향과 개성을 따르는 제품이기 때문에 홈페이지를 개설하는 것보다 SNS를 통해 관심사가 같은 사람들을 결집시키는 것이 훨씬 효과적이기 때문이다. 또한 홈페이지의 경우 초기 제작과 관리, 노출에 시간과 비용이 소요되는 반면, SNS는 이미 사람들이 모여있기 때문에 접근성 측면에서도 1인 창업자에게 효율적인 선택이다.

■ 자신의 근황을 인스타그램에 올리며 사람들과 꾸준히 소통하는 AJ의 모습

소비자 경험을 확장하는 텍스트와 영상 자료의 결합

칵테일 카드는 각각의 칵테일을 만드는 방법을 글로 적은 제품이다. 제품의 관점에서 소비자가 원하는 것은 칵테일을 만드는 방법일 테니 충분히 가치를 제공한다고 볼 수 있다. 하지만 칵테일을 만드는 것은 단순히 만드는 것보다 '보여지는 것'이 더 중요하기 때문에 글로 설명하기에는 한계가 있다. 따라서 AJ는 소비자 경험을 한

■ 칵테일 레시피 카드 각각에 동영상 링크로 갈 수 있는 QR코드를 삽입한 칵테일 카드의 마케팅 전략

층 더 개선했는데, 그것이 바로 각 칵테일 카드마다 QR코드를 삽입해 소비자가 칵테일을 직접 만드는 바텐더의 영상을 볼 수 있게 한 것이다. 소비자 입장에서 레시피와 함께 영상을 보면 더 직관적으로, 쉽게 칵테일을 만들 수 있었고, 이것이 마케팅 포인트가 되어 좋은 반응과 긍정적인 후기를 확보하는 데 도움이 되었다.

요즘 온라인 강의도 강의 자료와 영상 자료를 함께 판매하는 곳들이 많다. 학원 등 오프라인을 기본으로 하는 상품들도 이제 디지털을 접목하면 장소나 시간에 구애받지 않고 판매가 가능해진 것이다.

■ QR코드를 이용하여 동영상을 볼 수 있는 점을 좋게 평가하는 아마존 소비자들의 리뷰

제품 판매의 본질은 내 제품이 다른 제품보다 더 나은 소비자 경험을 제공하는 것이다. AJ는 오프라인 상품에 디지털 상품을 결합해 다른 제품에서 얻지 못하는 새로운 경험을 만들어주었고, 이것이 제품의 또 다른 차별점이 되었다.

실직당한 바텐더에서 성공적인 아이디어 상품을 만들기까지 그에게 필요한 것은 새로운 소비자 경험을 위한 아이디어와 실행력이었다. 단순한 아이템이라도 소비자의 니즈에 부합하는 아이디어가 포함된다면 충분히 많은 소비자를 확보할 수 있다.

10

현지 제품의 세계화 전략

Numa Foods

미국 드라마 〈오피스The Office〉의 캘리 역으로 유명한 여배우 민디 케일링Mindy Kaling이 추천하는 사탕이 사람들의 관심을 모은 적이 있다. 바로 누마 푸드Numa Foods의 중국식 누가nougat 캔디다. 누가 캔디는 달걀 흰자에 설탕 혹은 꿀, 말린 과일, 볶은 견과류 등을 넣어 만든 디저트다. 중동과 유럽에서 시작된 캔디로 알려져 있지만, 대만과 중국 등 아시아 쪽에서 인기 많은 간식이다.

중국계 미국인 조이스 주Joyce Zhu는 평소 달달한 간식을 좋아했는데, 자가면역질환을 앓고 있어서 당 섭취량을 관리해야 했다. 달달한 간식을 포기할 수 없었던 조이스는 이러한 고민을 엄마 제인에게 털어놓았고, 딸의 고민을 들은 엄마는 어렸을 때 중국에서 먹었던 누가 캔디를 직접 만들어주었다. 누가 캔디는 달달하면서 당분이 비교적 적어서 안심하고 먹을 수 있었다. 비만과 당뇨 환자가 많은 미국 사회에서 저당 식품인 누가 캔디의 상품성을 본 조이스는 엄마

제인과 함께 누마 푸드라는 브랜드를 만들었고, 미국에서 생소했던 누가 캔디를 현지화하는 데 성공했다.

작은 시장부터 도전하기

조이스는 달달하면서도 당 성분이 적은 누가 캔디가 상품성이 있다고 생각했다. 다른 사람 입맛에도 맞을지 궁금해 누가 캔디를 만들어 주변 친구들과 동료들에게 선보였는데 그들의 반응도 좋았다. 호의적인 반응에 고무된 조이스는 누가 캔디를 제품화해서 판매해 볼까 하는 생각을 했지만, 우선 좀 더 객관적인 평가를 받아보기로 했다. 주변 친구나 동료들은 친분 때문에 긍정적으로 평가해 주는 것일 수도 있고, 검증이 안 된 제품을 바로 시장에 선보이는 것은 위험이 따르기 때문이었다. 그래서 처음에는 직접 만든 수제 쿠키를 파머스 마켓에 참여해 처음 보는 사람들에게 선보였다. 이렇게 판매해 본 결과, 인종을 불문하고 다양한 사람들이 제인이 만든 누가 캔디를 좋아했고, 어렵지 않게 완판할 수 있었다.

파머스 마켓을 통해 제품 가능성을 확인한 조이스는 본격적으로 누가 캔디 만드는 일에 매진했다. 나름대로 전용 생산 시설도 갖추고 브랜딩을 위해 포장지 디자인과 홈페이지, SNS 채널 구성까지 차근차근 준비해 나갔다.

이처럼 제품을 판매하기 위해 바로 아마존에 뛰어드는 것보다 작은 마켓에 먼저 진입함으로써 리스크를 줄임과 동시에 시장 반응을 쉽게 확인해 보는 것도 매우 좋은 방법이다.

제품명은 해외 소비자가 이해할 수 있도록

물론 처음부터 모든 일이 순조롭지는 않았다. 판매 단계에 가서는 누가 캔디를 출신 지역에 따라 다르게 알고 있다는 것이 문제가 되었다. 누가 캔디는 아랍권 국가와 유럽뿐만 아니라 세계 곳곳의 다양한 나라에서 즐기는 간식이다. 하지만 지역에 따라 누가 캔디의 레시피나 맛, 질감 등이 제각각이었다. 이런 이유 때문에 '누가'가 아닌 다른 이름이 필요했다.

어떤 이름을 붙여야 사람들이 제품의 맛과 질감을 정확하게 떠올릴 수 있을까 고민하던 조이스는 제품명을 보다 대중적인 '밀크 추Milk Chew'라고 새로 지었다. 중국에서 유명한 화이트 래빗White Rabbit이라는 간식에서 얻은 아이디어였다. 하지만 이 시도도 다양한 인종이 섞인 미국시장에서는 안 통했다. 중국 식문화와 친숙한 사람들만 '밀크 추'라는 말을 이해했고, 나머지 사람들은 유제품이냐, 냉장고에 보관해야 하는 거냐 등 많은 오해로 구매를 망설였다.

조이스는 고민 끝에 현지화에 더 집중하기로 했다. 그래서 '누가'라는 단어를 빼고 '태피Taffy'라는 명칭으로 교체했다. 태피는 풍선껌같은 식감의 부드럽고 쫀득한 사탕으로 미국에서 대중적인 사탕의

■ 중국의 화이트 래빗 캔디

한 형태다. 테피라는 이름이 실제 제품 특징에 잘 맞고 미국 현지인들도 쉽게 이해했다.

하지만 이번에는 AAPIAsian American and Pacific Islander(아시아계 미국 사람과 태평양 제도 사람) 인플루언서들이 아시아 레시피의 사탕인데 너무 서양적인 느낌이 강하다면서 태클을 거는 상황이 발생했다. 조이스는 다시 고민이 깊어졌지만 레시피가 어느 고장에서 왔냐보다는 소비자들이 제품을 얼마나 정확하게 이해하느냐가 중요하다고 판단했고, 따라서 제품명은 그대로 둔 채 배경 설명을 덧붙였다. 창업 스토리와 제품 개발 배경 등을 상세하게 설명하는 과정을 통해 브랜드를 더 알릴 수 있는 긍정적인 효과를 만들어냈다.

소비심리를 반영한 패키징

 '누마 태피'는 당 관리에 효과적인 제품이기 때문에 건강을 먼저 생각하는 소비자를 타기팅하는 전략을 취했다. 따라서 기존 사탕보다 최대 92% 적은 설탕 함유량과 천연향을 강조해 제품을 판매했다. 하지만 제품 패키징에서는 너무 건강함만을 강조하기보다 달달한 간식의 느낌이 드는 디자인을 적용했다. 건강 때문에 저당 식품을 선택하지만 달달한 간식을 먹고 싶어 하는 소비자들의 심리를 반영한 것이다.

 누마 태피는 패키지 중앙에 신선하고 달콤해 보이는 과일 사진을 크게 넣고 식욕을 돋우는 레드와 핑크 컬러로 강조해 소비자의 눈길을 사로잡았고, 제품설명에서 제품의 건강함과 안전함을 부연 설명했다.

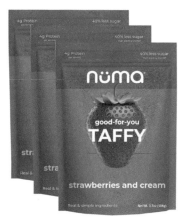

■ 건강함을 강조하면서도 달달한 간식을 먹고 싶어 하는
  소비자의 욕구를 조화시킨 누마 태피의 패키징

'저당 식품'을 검색한 소비자들은 그중에서 가장 맛있어 보이는 제품을 선택하기 마련이다. '누가' '태피' 등을 검색한 소비자들 또한 맛있어 보여서 선택한 제품이 건강하기까지 하다면 더할 나위 없이 좋을 것이다.

데이터 분석을 기반으로 한 제품 확장

조이스는 과거 데이터 애널리스트로 일했는데, 이 경험을 살려 데이터를 기반으로 브랜드를 효과적으로 성장시켰다. 아마존 판매자 센트럴에서 제공되는 재구매 비율 데이터를 활용해서 어떤 맛이 인기가 좋은지 계속 추적 관리를 하고, 구매 리뷰는 매일 들어가서 하나하나 다 캡처해 가며 제품별 소비자 반응을 분석했다.

그렇게 3년간의 연구개발 끝에 탄생한 후속 제품이 땅콩버터 맛

■ 꾸준한 데이터 분석을 통해 다양한 제품을 선보이고 있는 누마 태피

의 작은 바 형태 캔디였다. 이번에는 제품명도 더 대중적인 땅콩잼 바Peanut Butter Bars로 지었다. 이 제품으로 조이스는 카테고리도 확장할 수 있었으며, 오프라인 체인형 마트도 다섯 군데까지 넓히는 데 성공했다. 현재도 조이스와 제인은 건강한 간식을 만들고, 소비자들과 소통하는 데 집중하고 있으며, 미국 동부 지역뿐만 아니라 전국구로 확대하면서 사업을 키워나가고 있다.

11

수세미로 만들어낸
1,000억 원의 가치

Scrub Daddy

5,000원 남짓 하는 수세미로 연 매출 1,600억 원을 달성할 수 있을까? 그 기적의 신화가 에런 크라우제Aaron Krause가 만든 스크럽 대디Scrub Daddy다. 2만 개의 아마존 리뷰, 4.8점의 리뷰를 유지하고 있는 웃는 얼굴의 스크럽 대디는 미국인들이 사랑하는 국민 수세미로 자리매김했다.

사실 수세미라는 제품 특성상 큰 매출을 올리기는 쉽지 않다. 단가도 싸고 기능면에서 차별화를 갖기가 쉽지 않기 때문이다. 그런데도 스크럽 대디는 어떻게 이런 성공을 거둘 수 있었을까? 스크럽 대디의 스토리, 제품의 특징을 보면 그 답을 알 수 있다.

제품이 뛰어난데 판매가 부진하다면?

크라우제는 생산 공장에서 일한 경험이 있다. 그는 사무실에서 문서 작업을 하고 기계를 수리하는 일까지 겸하곤 했다. 그 과정에서 손이 더러워졌는데, 손을 닦을 제품이라고는 비누나 전문 세정제밖에 없었다. 그래서 그는 자신의 제작 공정 경력을 살려 폴리머 폼을 베이스로 한 스펀지를 제작했다. 손을 닦는 목적에 맞게 한 손에 들어오는 둥근 형태로 디자인했다. 그리고 2개의 구멍을 중앙에 뚫어 손가락을 구석구석 깨끗이 닦을 수 있는 핸드 스크러버로 판매하기 시작했다. 하지만 시장 반응은 좋지 않았다. 좋은 제품이기 때문에 알려지기만 하면 자연스레 판매될 것이라 생각해 3M과도 협업하는 등 노력했으나 부진한 성적을 면치 못했다.

보통 사람이라면 여기서 사업을 접었겠지만 크라우제는 뜻밖의 상황에서 재기의 발판을 마련한다. 마당에 있는 플라스틱 의자를 일반적인 네모난 스펀지로 닦다가 의자에 스크래치가 나자 크라우제는 창고에 묵혀두었던 자신이 개발한 스펀지를 한번 사용해 보았다. 놀랍게도 스크래치가 나지 않으면서 잘 닦였다. 게다가 스펀지를 찬 공기에 노출해 놓으니 단단해져서 더 잘 닦인다는 사실도 발견했다. 딱딱해진 스펀지는 다시 물에 넣으면 부드러워져 주방 식기들을 닦기에도 충분했다. 크라우제는 이런 특징이 주방에서 강점을 보일 것이라고 확신했다. 그래서 스펀지에 입을 뚫어 국자와 같은 식기를 쉽게 닦을 수 있도록 기능을 추가하며 주방 용품으로 탈바꿈했다.

■ 웃는 얼굴이 브랜드의 상징이 된 스크럽 대디 수세미

스크럽 대디는 비로소 주방 용품 시장에서 소비자들의 좋은 반응을 얻을 수 있었다. 스크럽 대디의 뛰어난 내구성은 매번 구매해야 하는 다른 스펀지와 차별점이 되어 주부들에게 큰 인기를 끌었고, 온도에 따른 소재의 유연한 변화가 세정에 큰 도움을 주면서 긍정적인 리뷰를 계속 얻을 수 있었다.

스크럽 대디의 사례처럼 좋은 제품이라도 그 제품이 향하는 시장에 따라 천차만별의 결과를 얻을 수 있다. 이 제품이 필요한 곳에 정확히 제품을 맞추었을 때 마케팅을 극대화할 수 있다는 점을 명심하자.

귀여운 비주얼과 네이밍의 중요성

스크럽 대디는 일반적인 수세미와 다르게 3개의 구멍이 뚫려 있다. 마치 웃고 있는 사람 얼굴처럼 보이는데, 이 비주얼이 결국 스크럽 대디를 성공으로 이끈 가장 주요한 요인이라고 할 수 있다.

스크럽 대디의 2개의 구멍은 원래 손가락을 넣어 쉽게 닦고자 고안된 것이다. 그런데 스크럽 대디가 주방 용품으로 전환하면서 숟가락, 주걱과 같은 주방도구를 쉽게 닦을 수 있는 모양의 구멍을 추가했고, 여기에 캐릭터라는 상징을 부여한 것이다. 이름도 아내의 설거지 심부름에서 영감을 받아 스크럽 '대디'로 지으면서 네이밍과 비주얼 모두에 캐릭터성을 강조했다. 이 캐릭터는 마케팅적인 측면에서 큰 효과를 발휘했다. 무엇보다 직관적으로 기억에 쉽게 남기 때문이다.

캐릭터 마케팅은 브랜드나 제품의 이미지를 전달하고 각인하기 위해 캐릭터를 활용하는 마케팅 방식이다. 캐릭터는 소비자에게 유대감과 친밀감을 형성하고 상품의 호감도를 상승시켜 상품 구매에 직간접적인 영향을 미친다. 다양한 업종에서 활발하게 이용되고 있으며, 특히 MZ세대 같은 젊은 소비자들에게 효과적이다.

한국에서 카카오 캐릭터가 들어간 제품이 인기를 끌었던 것처럼 소비자들은 캐릭터 이미지를 소비하는 것을 좋아한다. 스크럽 대디는 이를 제품에 직접 녹여냄으로써 캐릭터를 통해 대중들에게 쉽게 기억되고 소비될 수 있었던 것이다. 꼭 캐릭터를 개발하지 않아도

이거 쫌 된 신제품... 치즈감자봉인데..
왜인지 너무 안팔려서 얼굴을 그려넣어
보았다.. 그랬더니 다음에 들어오신 손님
이 딱 저 친구만 입양해 가시더라... 사람
들.. 뻔해.. 귀여운거 좋아해..

■ 온라인커뮤니티에 '안 팔리는 빵 파는 방법'이라는 제목으로 올라
온 게시글 (출처: 온라인 커뮤니티)

된다. '귀여우면 팔린다'에 핵심이 있다. 신제품 빵이 안 팔려 포장지
에 검은색 펜으로 눈과 입을 그렸더니 그 제품만 판매되었다는 커뮤
니티의 글이 화제가 된 적이 있다. 같은 제품이라도 좀 더 귀여운 것
에 손이 가기 마련이다.

2009년 당시 스크럽 대디는 사업을 확장하기 위해 수세미를 대량
생산해야 했다. 하지마 제작 규모가 뒷받침되지 않아 투자가 필요한
상황이었다. 그때 크라우제는 미국의 사업 오디션 프로그램 〈샤크
탱크〉에 지원했다. 당시 영상을 보면 크라우제는 피칭 능력도 뛰어

Halloween Shapes　　**Style Collection Scrub Daddy**　　**Scrub Daddy x SpongeBob**　　**Winter Shapes**

Scrub Mommy Cat Shape　　**Scrub Daddy Dog Shape**

■ 스크럽 대디에서 출시되는 다양한 캐릭터의 상품들

나지만, 얼굴이 있는 수세미라는 이미지적인 독특함, 그리고 얼굴처럼 보이게 만드는 구멍이 수세미의 기능과도 결부되어 있다는 점을 부각함으로써 피칭을 더 매력적으로 돋보이게 했다. 결국 이 프로그램으로 크라우제는 투자 유치까지 이끌어냈다. 스크럽 대디의 이런 캐릭터 전략은 스크럽 마미, 스크럽 도그 등 다양한 캐릭터를 통해 제품 다각화를 성공적으로 이루는 데에도 큰 힘이 되었다.

제품력이 뒷받침된 유머 바이럴

앞서 많은 제품이 그랬듯이 스크럽 대디도 소셜미디어를 통한 바이럴에 성공한 브랜드다. 스크럽 대디는 웃는 모습을 한 수세미라는 점에서 쉽게 유명해질 수 있었다. 이 특이하면서도 재미있는 모양은 다른 소셜미디어에서 얼굴을 활용한 코미디, 밈으로 번지면서 자연스럽게 대중들에게 알려졌다. 스크럽 대디는 이 유머를 능동적으로 마케팅에 응용해 실물 캐릭터화를 통한 바이럴을 진행해 180만의 팔로워를 보유하게 되었으며, 좋아요는 3,800만에 이른다.

스크럽 대디의 비디오는 오히려 광고임을 솔직하게 보여주며 유머를 자아낸다. 이 점이 MZ세대에게 재치 있게 다가와 브랜드 이미지를 유쾌하게 풀어냈다고 볼 수 있다. 하지만 이렇게 유머를 강조했다고 해서 스크럽 대디가 본질적으로 제품의 퀄리티 홍보를 간과

■ 스크럽 대디가 제작한 유머러스한 동영상 광고

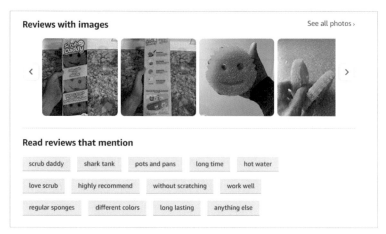

Reviews with images   See all photos ›

Read reviews that mention

scrub daddy | shark tank | pots and pans | long time | hot water

love scrub | highly recommend | without scratching | work well

regular sponges | different colors | long lasting | anything else

- 아마존 '리뷰에서 많이 언급된 키워드'를 보면 '오래 사용 가능함' '긁힘 없음' '잘 닦임' 등 제품의 품질이 뒷받침되었음을 알 수 있다.

한 것은 아니다. 사실 스크럽 대디의 바이럴 시초는 청소 제품을 주로 리뷰하는 틱톡커들이었다. 이는 단순히 웃긴 것만으로는 이루어질 수 없으며, 제품 자체가 세정 측면에서 뛰어나기 때문에 가치를 인정받은 것이라고 보는 것이 합당하다.

12

제품의 신뢰도를 높이는
마케팅 방법

LifeStraw

세상에서 가장 깨끗한 빨대라고 할 수 있는 라이프스트로LifeStraw
는 오염된 물을 깨끗한 물로 만들어주는 휴대용 정수기다. 필터 1개
당 4,000리터의 물을 정수할 수 있으며 수인성 박테리아, 미세 플라
스틱, 기생충, 먼지 등을 99.9% 제거한다. 원래 글로벌 사회적 기업
인 베스터가드 프랑센Vestergaard Frandsen 그룹이 개발도상국의 오염된

■ 매달 4만 개 이상이 팔려 나가는 베스트 상품 라이프스트로

수질과 식수난을 해결하기 위해 개발한 것이지만 뜻밖에 일반 소비자들에게도 선풍적인 인기를 끌었다. 부피가 작고 가벼워 등산, 여행, 캠핑 등 야외 활동을 즐기는 사람들에게 없어서는 안 될 필수품으로 자리잡은 것이다.

미국 아마존 'Camping & Hiking Water Filters' 카테고리 베스트셀러로 등극한 이 제품은 매달 4만 개 이상 팔려 나가는 아이템으로 1시간당 55개 정도를 판매하여 5억 이상의 매출을 기록하고 있는 것으로 추정된다.

공신력을 높이는 보도자료 마케팅

라이프스트로의 제품처럼 신뢰성이 중요한 제품을 판매한다면 외부 보도 마케팅을 하는 것도 좋은 전략이다. 소비자 입장에서 제품을 파는 당사가 자기 제품이 좋다고 말하는 건 무조건적으로 신뢰하기 어렵다. 자기 제품을 나쁘게 말하는 회사는 없을 뿐더러 과장할 수 있다는 의심이 들기 때문이다. 하지만 이해관계자가 없는 외부에서 제품을 언급한다면 사정은 다르다. 그 제품을 언급하는 주체가 회사와 관련성이 없다면 1차적으로 객관성이 확보되고, 만약 인지도 있는 언론사가 언급할 경우 그 매체의 공신력을 통해 이차적으로 객관성이 확보된다.

구글에서 라이프스트로를 검색해 보면 외부 보도에 상당히 많이

This Best-selling Hiker's Flask Filters Water From Streams, Lakes, and Waterfalls — and It's 40% Off

Amazon reviewers even go as far as to call it "life-saving."

By **Merrell Readman**   Published on January 30, 2023 07:00AM EST

We independently research, test, review, and recommend the best products—learn more about our process. If you buy something through our links, we may earn a commission.

PHOTO: TRAVEL + LEISURE / TYLER ROELAND

CNN

Hydrate from anywhere with LifeStraw's personal water filter, now at it's lowest-ever price

Ensure you're drinking clean water wherever you are with the Lifestraw Personal Water Filter that's on sale at Amazon.

4일 전

USA Today

Amazon deals: Save 12% on this LifeStraw portable water filter

The LifeStraw personal water filter is up to 12% off at Amazon this summer. Pack it for any trip you're going on to purify the water around...

5일 전

Kaleidoscot.com

Filter Straw Market Size by Region and Details of Business Development | LifeStraw, Seychelle, Sawyer Products ...

Global Filter Straw market study presenting the most recent findings of our top researchers: An updated market study has been uploaded to ...

1주 전

iRunFar

LifeStraw Peak Series Collapsible Squeeze 650 ml Bottle With Filter Review

An in-depth review of the LifeStraw Peak Series Collapsible Squeeze 650 ml Bottle with Filter.

2022. 11. 29

■ 언론사에 보도된 라이프스트로 기사들

노출된 제품이라는 것을 알 수 있다. 이 중에는 회사가 의도한 보도도 있을 테고 아마존 베스트셀러이다 보니 자연스럽게 보도된 경우도 있을 것이다. 중요한 것은 외부 보도는 신뢰도를 확보하려는 마케팅에 확실히 도움이 된다는 점이다. 초창기 인지도가 낮을 때에는 보도 매체를 이용해서 적극적으로 홍보를 진행하는 것도 좋은 방법이다.

아마존 플랫폼을 이용하는 마케터의 경우 외부 보도자료 마케팅으로 얻을 수 있는 또 다른 이점이 있다. 최근 아마존은 외부 트래픽을 가져오는 판매자에게 보상을 제공하면서까지 외부 트래픽 유치에 열을 올리고 있기 때문이다. 아마존의 의도대로 판매자가 외부 트래픽을 가져오면 아마존 입장에서는 환영하지 않을 수 없다. 외부 트래픽을 가져오는 방법에는 여러 가지가 있겠지만 라이프스트로처럼 외부 보도자료를 이용할 수 있다.

제품에 자신이 있다면 리뷰어를 활용하라

아마존 같은 전자상거래 플랫폼에서 제품을 판매할 때 리뷰의 중요성을 모르는 사람은 없을 것이다. 그런데 아마존 리뷰 정책은 굉장히 까다롭기로 유명하다. 소위 지인이나 회사 직원을 시켜서 리뷰를 작성하는 행위는 엄격히 금지되어 있다. 만일 아마존의 최첨단 알고리즘을 통해서 적발된다면 더 이상 아마존에서 판매조차 못하

■ 바인 리뷰어에게는 아이디 옆에 'VINE VOICE'라는 인증 마크가 붙는다.

는 경우가 생길 수 있다.

그렇기 때문에 아마존에 진출한 많은 브랜드가 리뷰를 얻기 위해 지금도 고군분투하고 있다. 판매를 해야 리뷰를 얻을 텐데, 리뷰가 없으니 판매가 안 되는 악순환은 아마존에 진출한 많은 브랜드가 실패하는 이유 가운데 하나다. 이에 대한 해결책은 없을까? 아마존에서는 '아마존 바인Amazon Vine'이라는 일종의 체험단 같은 리뷰어 프로그램을 진행한다.

바인은 아마존에 입점된 브랜드만 사용할 수 있는 기능이다. 일정의 사용료를 내고 등록을 하면 아마존 체험단으로 등록되어 있는 소비자들에게 체험단 페이지에서 노출을 시켜준다. 이 소비자들이 판매 상품을 무상으로 가져가고 최대 30명까지 리뷰를 올려주는 프로그램이다.

단, 아마존 바인 리뷰어 프로그램에는 장단점이 분명 존재한다. 단점은 리뷰를 작성해 주는 리뷰어들이 매우 까다로운 시선으로 제품을 리뷰한다는 것이다. 프로그램의 특성상 100% 리뷰를 회수받지 못할 수 있다. 즉 제품이 마음에 들지 않으면 리뷰를 작성하지 않

■ 바인 리뷰어의 믿을 수 있는 리뷰는 제품 홍보에 큰 도움이 된다.

을 수 있고, 오히려 안 좋은 리뷰를 작성할 수도 있다. 아마존 판매자들에게 바인은 양날의 검이라고 불리는 만큼 이런 부분에서 리스크를 안고 가야 한다.

그러나 라이프스트로의 경우 제품에 자신이 있었기 때문에 바인 프로그램을 적극적으로 활용했고, 리뷰어들에게 4점 이상의 후한 평점을 받고 있다. 특히 바인 리뷰어들은 보통 논문을 쓰는 수준으로 굉장히 자세하게 리뷰를 작성해 주는데, 라이프스트로는 이점을 잘 활용했다. 라이프스트로는 필터가 안에 장착되어 있고 성능에 민감한 기능성 제품이기 때문에 이를 드러내는 자세한 리뷰가 필요했기 때문이다. 이럴 땐 단순히 "이 제품 좋았어요!"라는 리뷰는 큰 도움이 되지 않는다. 리뷰어가 이 제품의 필터 성능 등에 관해 자세한 리뷰를 남겨주어야 이를 마케팅 포인트로 더 활용할 수 있는 여지가 있다. 이처럼 판매할 상품의 퀄리티에 자신이 있고 자세한 리뷰가 필요한 제품이라면 아마존의 바인 프로그램을 적극적으로 활용하는 것이 좋다.

소비에 가치를 더하는 마케팅

라이프스트로는 '1개의 제품, 1명의 어린이, 1년 동안의 안전한 물(1 PRODUCT, 1 CHILD, 1 YEAR OF SAFE WATER)' 기부 캠페인을 진행한다. 라이프스트로 제품이 1개 팔릴 때마다 식수난으로 도움이 필요한 아이에게 1년 동안 깨끗한 식수를 제공하는 것이다.

이러한 마케팅 방식을 코즈 마케팅cause marketing이라고 한다. '명분'을 뜻하는 'cause'와 마케팅의 합성어로 기업이 환경, 보건, 빈곤 등과 같은 사회적 이슈를 기업 이익 추구와 연계시키는 마케팅을 말한다. 물건을 판매하면서 수익의 일부를 기부하는 방식으로 소비자에게 호의적인 반응을 끌어내 기업의 이미지를 상승시키고 제품의 구매까지 유도하는 전략이다.

코즈 마케팅은 기업의 사회적 책임CSR, Cooperate Social Responsibility이 중요해지는 시기에 등장했으며, ESGEnvironment, Social, Governance 경영

■ 라이프스트로 1개를 구매하면 한 명의 아이에게 1년치 식수가 기부된다.

이 시대의 트렌드로 떠오르면서 주요 마케팅 전략으로 자리 잡았다. 하지만 기업이 추구하는 이익과 사회에 공헌하는 공익이 일치하지 않는 경우에는 오히려 역효과가 날 수 있다. 일례로 맥도날드에서 '비만 퇴치 캠페인'을 벌였는데, 비만의 주요 원인으로 꼽히는 패스트푸드 회사가 비만 캠페인을 벌인다는 건 말이 안 된다며 한때 불매운동이 일어나기도 했다.

세계에서 가장 잘 파는
아마존 베스트셀러의 마케팅 법칙

2023. 8. 30. 초 판 1쇄 발행
2024. 5. 1. 초 판 2쇄 발행

지은이 | 두번째 월급, 보표, 정현군
펴낸이 | 이종춘
펴낸곳 | **BM** ㈜도서출판 **성안당**
주소 | 04032 서울시 마포구 양화로 127 첨단빌딩 3층(출판기획 R&D 센터)
      | 10881 경기도 파주시 문발로 112 파주 출판 문화도시(제작 및 물류)
전화 | 02) 3142-0036
     | 031) 950-6300
팩스 | 031) 955-0510
등록 | 1973. 2. 1. 제406-2005-000046호
출판사 홈페이지 | www.cyber.co.kr
ISBN | 978-89-315-5537-0 (03320)
정가 | 19,000원

이 책을 만든 사람들
책임 | 최옥현
진행 | 조혜란
기획 · 편집 | 심보경
교정 | 최은영
디자인 | 유어텍스트, 박원석
홍보 | 김계향, 유미나, 정단비, 김주승
국제부 | 이선민, 조혜란
마케팅 | 구본철, 차정욱, 오영일, 나진호, 강호묵
마케팅 지원 | 장상범
제작 | 김유석

호우와 는 **BM** ㈜도서출판 **성안당**의 단행본 출판 브랜드입니다.

■ **도서 A/S 안내**

> 성안당에서 발행하는 모든 도서는 저자와 출판사, 그리고 독자가 함께 만들어 나갑니다.
> 좋은 책을 펴내기 위해 많은 노력을 기울이고 있습니다. 혹시라도 내용상의 오류나 오탈자 등이 발견되면 **"좋은 책은 나라의 보배"**로서 우리 모두가 함께 만들어 간다는 마음으로 연락주시기 바랍니다. 수정 보완하여 더 나은 책이 되도록 최선을 다하겠습니다.
> 성안당은 늘 독자 여러분들의 소중한 의견을 기다리고 있습니다. 좋은 의견을 보내주시는 분께는 성안당 쇼핑몰의 포인트(3,000포인트)를 적립해 드립니다.
> 잘못 만들어진 책이나 부록 등이 파손된 경우에는 교환해 드립니다.